**한계를 날려버리는
오타니 쇼헤이의 말**

한계를 날려버리는

"오타니 쇼헤이의 말

限界を打ち破る大谷翔平の名言 "

＋ 필사노트 합본

쿠와바라 테루야 엮음
정상우 옮김

오픈하우스

일러두기

1. 검은색 괄호는 저자 주, 파란색 괄호는 역자 주입니다.
2. 특정 내용에 유튜브 영상 QR 코드를 삽입하였으나, 향후 저작권상의 이유로 재생되지 않을 수 있음을 알려 드립니다.

시작하며

오타니 쇼헤이의 무서운 질주가 계속되고 있다. 2024년 시즌 개막 직후에는 큰 트러블에 휘말리면서 컨디션을 끌어올리지 못했지만, 올스타전 이전의 전반기 경기를 마친 뒤 타율 0.316(리그 2위), 홈런 29개(리그 1위), 69타점(리그 3위), OPS(On-base Plus Slugging, 장타율과 출루율의 합산) 1.036(리그 1위)을 기록하면서 3관왕을 노려볼 수 있을 정도의 성적을 올렸다. 도루도 이미 23개를 기록했기 때문에 일본인에게 익숙한 '트리플 3(타율 3할, 30홈런, 30도루)'도 눈앞에 두고 있다. [2024시즌 최종 성적은 타율 0.310(리그 2위), 홈런 54개(리그 1위), 130타점(리그 1위), OPS 1.036(리그 1위), 도루 59개(리그 2위)로 메이저리그 역사상 최초로 단일 시즌에 '50-50'을 달성했으며 내셔널리그에서 MVP 수상]

그리고 그 기세를 몰아 2024년 7월 올스타전에서는 2번 지명타자로 선발 출전해 3점 홈런을 치며 오랜 메이저리그 역사상 단 한 명뿐인 '투수로 승리를 거두고(2021년 올스타전 승리투수) 홈런까지 친' 선수가 되었다. FA가 되어 프로 스포츠 사상 최고액의 계약으로 LA 다저스로 이적하게 된 오타니에게 처음에는 "부상 때문에 투수로는 뛸 수 없고 지명타자에만 전념할 경우 압도적인 성적이 요구되는데 괜찮을까?", "약체 팀인 에인절스와 달리 명문에다가 인기 팀인 다저스에서 과거 에인절스 시절만큼의 성적을 낼 수 있을까?" 등과 같은 우려의 목소리가 있었다. 하지만 실제 그는 이 책에서 다루는 것처럼 '기대에 부응할 뿐만 아니라 기대를 훨씬 뛰어넘는 성과'를 올리고 있다.

그리고 무엇보다 오타니가 기뻐하는 것은 다저스가 97경기를 마친 현재 56승 41패로 서부지구 1위를 달리고 있다는 점이다. (2024 시즌 다저스의 최종 성적은 92승 70패로 내셔널리그 1위, 월드시리즈 우승) 그는 자신이 아무리 좋은 성적을 내더라도 '팀이 패하는 건 안 된다'고 생각하는 타입이다. 팀이 승리하고 자신도 좋은 성적을 거두는 것, 이 두 가지가 모두 충족되어야만 기쁨을 느끼는 것이 오타니다.

무엇보다 대단한 것은 오타니의 '역경을 극복하는 힘'이다. 2024년 팔꿈치 수술로 투수 활동을 하지 못하는 상황에서 그는 재활과 더불어 타자로서의 활약을 병행해야 하는 부담을 안고 있었다. 게다가 오랜 파트너였던 미즈하라 잇페이와 관련된 문제로 본인도 의심의 눈초리를 받는 상황이었다. 이런 상황이라면 누구라도 컨디션 관리에 어려움을 겪을 텐데, 오타니는 이를 "그것까지도 기술"이라 일축하고, 불안과 스트레스를 핑계 삼지 않은 채 꾸준한 활약을 이어가고 있다.

오히려 이런 불안과 역경 속에서 타자로서의 오타니는 더욱 강해지는 듯하다. 그는 과거에도 여러 차례 부상과 부진을 겪었다. 고교 시절에도, 닛폰햄 시절에도, 메이저리그에서도 투구를 할 수 없는 시기를 겪었지만, 오타니는 이 시기에 타자로서의 연습과 실전 경험을 쌓으며 자신이 생각했던 것보다 훨씬 더 뛰어난 타자로의 성장을 이뤄냈다. 부상과 부진은 있었지만 그 시기에 트레이닝과 경험을 통해 힘을 기르고, 투수와 타자를 겸업하는 '이도류'로서의 위상을 확립하여, 지금은 '역대 최고의 야구 선수' 중 한 명으로 모두가 인정하는 존재가 된 것이다.

그런 오타니의 모습을 보고 있자면, 진심으로 좋아하는 일을 위해 자신의 모든 힘과 시간을 전부 쏟아 붓는 강인함을 느끼지 않을 수 없다. 요즘 시대에는 목표를 향해 모든 것을 쏟아 부어 노력하는 것을 멋지지 않다고 생각하는 사람들이 많지만, 정말 좋아하고 하고 싶은 일을 찾았다면 그 일을 향해 진심을 다해 노력해야만 성장할 수 있고 성공에 가까워질 수 있다는 사실은 분명하다.

오타니가 알려주는 것은 바로 그런 '노력의 소중함'이다. 이 책에 소개된 말들은 오타니가 야구를 시작한 어린 시절부터 오늘에 이르기까지 그가 했던 말들 중에서 엄선한 것이다. 그 안에는 야구뿐만 아니라 사람이 살아가는 데 있어 중요한 것들이 많이 담겨 있다. 오타니의 멋진 플레이에 매료되었다면, 그런 오타니를 만든 멋진 말들도 꼭 한번 접해보기 바란다. 분명 당신의 삶에 힘이 될 것이다.

이 책의 집필에는 파루 출판사의 하라다 요헤이 씨가 많은 도움을 주었다. 감사의 말을 전한다.

쿠와바라 테루야

목차

" 01

도전을
지지하는
말

"아무도 해 본 적이 없다고 하는데 아무도 하지 않았기 때문에 하는 거니까요."

만약 당신이 회사에서 새로운 제안을 했을 때 "그런 건 아무도 해 본 적이 없으니 불가능해"라는 말을 듣는다면 어떻게 하겠는가? 대부분의 사람에게 '아무도 해 본 적 없다', '전례가 없다'는 말은 '하면 안 된다'는 뜻으로 받아들여지기 마련이다. 그래서 그런 말을 들으면 '그럼 포기하겠습니다'라고 대답하기 쉽지만 오타니는 전혀 다르게 접근했다.

원래 그는 고등학교 졸업 후 일본 프로야구를 거치지 않고 바로 메이저리그에 도전할 생각이었지만 '이도류(二刀流, 투수·타자 겸업) 도전을 지원하겠다'는 닛폰햄 파이터스의 열성적인 제안에 이끌려 일본 프로 입단을 결심한다.

당시 오타니의 자질을 의심하는 사람은 아무도 없었다. 시속 160km를 던지는 투수였고, 타자로서도 뛰어난 재능을 발휘하고 있었기 때문에 프로야구에서의 성공은 당연하다고 생각했다. 하지만 '투수와 타자 양쪽에 다 주력하겠다'라는 목표를 세우자 상황이 완전히 달라졌다.

　프로야구 평론가나 야구계 관계자들은 연일 날카로운 비판의 목소리를 쏟아냈다. '투타 겸업'은 양쪽 모두 어중간하게 끝날 위험이 있을 뿐 아니라, 결과적으로 귀중한 재능을 망칠 것이라는 게 일반적인 견해였다. 하나에만 집중하라는 의견이 대부분이었고 일부에서는 '프로를 우습게 본다'는 비난까지 나왔다.

　고등학교를 갓 졸업한 오타니가 매일 언론을 통해 흘러나오는 비난의 말들을 견뎌낼 수 있을지 걱정이 된 하나마키히가시 고등학교(오타니의 모교)의 사사키 히로시 감독은 오타니에게 전화를 걸어 "너, 정말 괜찮아?"라고 물었다.

　그러자 오타니에게서 "괜찮아요. 매일 즐겁게 훈련하고 있어요"라는 의외의 대답이 돌아왔다. 이 대답에 대해 오타니는 나중에 이렇게 설명했다.

　"저는 전혀 신경 쓰지 않았어요. 프로를 우습게 보는 것도 아니고, 매일 아주 충실하게 보내고 있어서, 하길 잘했다고 생각해요. 아무도 해 본 적이 없다고 하는데, 아무도 하지 않았기 때문에 하는 거니까요."

　대부분의 사람에게 아무도 해 보지 않았다는 것은 도전을 포기하기에 가장 좋은 이유가 되지만, 그러면 결국 남들과 똑같아질 뿐이다. 오타니에게 '아무도 해 보지 않았다'는 말은 '그래서 내가 한다'는 동기가 되었고, 그 결과 그는 유일무이한 존재가 될 수 있었다.

─────────── **원 포인트** ───────────

**'아무도 하지 않은' 것이기에
끝까지 해내면 압도적인 승자가 될 수 있다.**

"스스로 불가능하다고 생각했다면 목표 달성은 할 수 없었을 거라고 생각해요. 그래서 처음부터 불가능하다고 단정 짓지 않기로 했습니다."

오타니의 은사 중 한 명인 쿠리야마 히데키(오타니 입단 당시의 닛폰햄 파이터스 감독, 2023 WBC 일본 국가대표팀 감독)는 '사전 지식은 많을수록 좋고, 선입견은 없을수록 좋다'는 말을 중요하게 생각한다. 쿠리야마가 야쿠르트 스왈로스에서 선수로 뛰던 시절, 감독이었던 노무라 카츠야가 했던 말이라고 한다. 쿠리야마에 따르면, 야구처럼 데이터가 중요한 스포츠에서 사전 지식은 작전을 짜는 데 있어 매우 중요한 역할을 하지만, 그것이 선입견이 되면 '이 선수는 발이 느리니까', '저 선수는 찬스에 약하니까'라는 고정관념으로 이어져 본래 보아야할 것이 보이지 않게 될 위험이 있다는 것이다.

실제로 오타니가 닛폰햄에 입단할 당시, 대부분의 프로야구 관계자들이 이도류는 불가능하다고 비판했는데 이는 일반적인 선택이 아니라는 일종의 '선입견'에서 비롯한 것이었다. 하지만 쿠리야마는 오타니라는 선수의 재능과 소질을 선입견 없이 바라보고 '어쩌면 가능하지 않을까?'라고 생각했기에 그의 도전을 전폭적으로 지원할 수 있었다.

선입견을 갖지 않고 도전하는 일의 중요성을 오타니는 고등학교 시절에 경험한 바 있다. 그는 고교 시절, 당시로서는 상상도 할 수 없었던 '구속 160km'를 목표로 세웠다. '못한다고 생각하는 순간 끝이다'라고 스스로에게 되새기며 연습에 매진했고, 3학년 때 마침내 이 목표를 달성했다.

"스스로 불가능하다고 생각했다면 목표 달성은 할 수 없었을 거라고 생각해요. 그래서 처음부터 불가능하다고 단정 짓지 않기로 했습니다."

사사키 히로시 감독은 "선입견은 가능을 불가능으로 만든다"는 말로 고등학생이었던 오타니를 지지해주었고, 이 말은 이후 오타니의 인생에 커다란 자신감을 불어넣어 주었다.

그때부터 오타니는 일본에서, 그리고 메이저리그에서 불가능해 보이는 일들을 연이어 실현해내고 있다. '할 수 없다'는 선입견을 버리고 '해 보자', '할 수 있을 거야'라는 과감한 도전을 계속해왔기 때문이다.

비즈니스 세계에서도 '처음부터 할 수 없다고 생각하면 할 수 있는 일조차 할 수 없게 된다'는 말이 자주 언급된다. 어려운 과제에 부딪히면 할 수 없다고 핑계를 대기 쉽지만, 먼저 선입견과 편견을 버리는 것이야말로 '불가능을 가능으로 바꾸는' 첫 번째 단추이다.

원 포인트

**선입견을 버리고, 백지상태에서 사물을 보고,
일단 해 보겠다는 자세를 가져라.**

"환경이 바뀌는 것은 불안한 일이지만 더 나아질 수 있는 가능성이 그곳에 있다면 도전해보고 싶습니다."

'5월병'은 초등학생, 중고등학생, 대학생, 직장인 등 한 단계씩 앞으로 나아가는 시기에 새로운 환경에 적응하지 못해 겪는 정신적 문제를 뜻하는 말이다. 누구에게든 학교에 입학하거나, 새 직장에 들어가거나, 익숙했던 곳을 떠나 이사를 가는 등 환경의 변화는 누구에게나 불안한 일이다. '새로운 곳에서 처음부터 열심히 해 보자', '어떤 일이 기다리고 있을지 설렌다'는 기대감도 있지만, '잘 해낼 수 있을까', '문제가 생기지는 않을까' 등의 불안감은 쉽게 떨쳐버리기 어렵다.

닛폰햄 파이터스와의 입단 협상 중 오타니는 쿠리야마 히데키 감독에게 놀라운 질문을 던졌다. "미국에서는 어떤 식으로 실패하나요?" 성공 사례가 아니라 일본 선수가 어떤 경우에 실패하는지를 묻는 것을 본 쿠리야마 감독은 "그는 야구 선수로서 올바른 길로 나아갈 것"이라고 확신에 차서 말했다고 한다.

그동안 많은 일본 선수들이 메이저리그에 도전했다. 그중에는 화려하게 성공한 선수도 많지만 미국에서 아무런 주목을 받지 못하고 돌아온 선수들도 있다. 일본에서 이미 탄탄한 경력과 일본에서 달성할 수 있는 것은 다 해 봤다고 할 정도의 성적을 쌓고 도전한 선수들이 대부분이지만, 모두가 기대만큼의 성과를 거두지는 못했다. 이것이 메이저리그의 냉엄한 현실이다.

반면 오타니는 그런 선수들과는 다른 상황이었다. 나이도 어렸고 '다 해 봤다'고 할 수는 없는 시점이었다. 재능은 누구나 인정했지만 이도류라는 미지의 영역에 대한 도전을 앞둔 상태였던 만큼 그에게도 불안감이 있었을 텐데, 오타니 자신은 기술적으로든 인간적으로든 자신이 조금이라도 더 나아질 가능성이 있다면 새로운 환경에서 해 보고 싶다는 생각을 가지고 있었다. 실패의 위험을 충분히 인지한 상태에서도 더 큰 성장을 위해 도전하는 것, 그것이 오타니의 생각이었다.

큰 성장을 위해서는 리스크를 감수하는 대담한 도전이 필요할 때도 있는 것이다.

원 포인트

**진정한 성장의 기회는
종종 안전지대 밖에 숨어 있다.**

"처음부터 '이건 싫다' 같은 생각은 좋아하지 않아요. 일단 해 보고 안 되는 것은 괜찮다고 생각합니다."

타격 3관왕을 세 번이나 차지하고 현재까지도 일본 프로야구 역사상 '최고의 우타자'로 불리는 오치아이 히로미츠(일본 야구 최초로 1982년에 1억, 85년에 2억, 86년에 3억 엔의 연봉을 달성한 대기록 보유)는 사회인 야구단을 거쳐 롯데 오리온스(현재의 구단명은 '지바 롯데 마린스')에 입단한 신인 시절, 야마우치 카즈히로 감독에게 정성 들인 섬세한 타격 지도를 받았다. 그러나 그 가르침이 도무지 마음에 들지 않고 성적도 오르지 않자 어느 날 그는 야마우치 감독에게 "제발 절 그냥 내버려두세요"라고 직언을 했다.

이후 오치아이는 팀의 베테랑 포수 도이 켄지의 타격 폼을 연구하며 자신만의 길을 찾았다. 손목을 부드럽게 사용해 공을 치는 도이의 기술을 토대로, 자신만의 이른바 '신주 타법'을 완성한 것이다. 배트를 세우고 팔을 쭉 뻗은 채 투구를 기다리는 이 독특한 타격 스타일로 그는 마침내 대타자로 거듭났다.

비단 프로야구뿐만 아니라 세상에는 '가르침귀신'이라고 불릴 정도로 누구에게나 무엇이든 가르치려는 사람들이 있다. 이들은 매우 열성적이고 대부분 선의에서 비롯된 것이지만 이런 가르침을 그저 저항 없이 받아들이다 보면 오히려 자신에게 해가 되는 경우도 많다.

오타니의 특징 중 하나는 어떤 아이디어가 떠오르거나 조언을 받으면 일단 해 본다는 것이다. "제게 효과가 있을 것 같은 연습은 일단 해 봅니다. 설령 그것이 좋지 않은 방향으로 흘러가더라도 그게 헛된 일은 아니라고 생각하니까요."

2018년 스프링 캠프에서 오타니는 부진했다. 투수로서 빠른 공은 던질 수 있었지만 제구가 불안정했다. 타자로서도 처음에는 "고등학생 타자 같다"는 비아냥까지 들었다. 그러던 중 LA 다저스와의 개막전에서 오타니는 타격 코치로부터 "다리를 들지 말고 스윙을 해 보라"는 말을 듣게 된다. 일본에서부터 오타니는 다리를 들고 스윙을 했는데 그것이 타이밍을 놓치는 원인이 되었다는 지적이었고, 다리를 들지 않아도 파워는 충분히 전달할 수 있다는 이유에서였다.

오타니는 그 자리에서 바로 실행에 옮겼고, 공 몇 개를 치더니 곧 다저스 스타디움의 관중석으로 날려 보냈다. "좋네요. 해 볼게요"라는 게 그의 대답이었다. 주변 선수들은 오타니의 유연성과 빠른 적응력에 놀랐고, 이 조언은 오타니의 파워를 살리는 데 확실히 기여했다. 잘될 것 같다고 생각되면 일단 해 보는 것. 그것이 오타니의 방식이었다.

모든 조언을 다 따를 필요는 없다. 조언은 양날의 검과 같아서 무조건 수용하면 자신만의 장점을 잃을 수 있고, 아예 귀를 닫아버리면 성장의 기회를 놓칠 수 있다. 중요한 것은 오타니처럼 처음부터 '듣지 않는 것'이 아니라 괜찮다고 생각되면 '일단 해 보는 것'이다. 해 본 뒤 자신에게 맞지 않으면 그때 그만두어도 늦지 않다.

원 포인트

**조언은 유연하게 받아들이고
이후에 취사선택을 한다.**

"무엇이 정답이었는지
무엇이 실패였는지는
죽기 직전까지도 알 수 없는 것
아닐까요?"

인생은 끊임없는 선택의 연속이다. Y자형 갈림길에 서서 왼쪽과 오른쪽 중 어느 길로 가야 할지 고민하다가 결국 어느 쪽이든 하나를 선택할 수밖에 없다. 선택 후에는 "이게 맞는 거였어"라고 안도할 때도 있지만 "아, 실패했구나. 다른 쪽을 골랐어야 했는데"라고 후회하기도 한다.

오타니도 수많은 선택의 순간을 마주했다. 고등학교 졸업을 앞두었을 때는 곧바로 메이저리그에 도전할 것인지, 아니면 드래프트에서 자신을 지명한 닛폰햄에 입단할 것인지를 두고 고심했고, 이후 닛폰햄에서 메이저리그로 이적할 때는 여러 구단에서 러브콜을 보낸 탓에 어디를 선택할지가 큰 고민거리였다. 그리고 2023년 시즌 오프 후 FA가 되었을 때에는 '오타니 쟁탈전'이라 할 만한 여러 구단의 치열한 영입 경쟁 속에서 고심 끝에 다저스를 선택했다.

더 거슬러 올라가면, 닛폰햄 입단 당시 '투수냐, 타자냐'의 선택이 아닌 두 가지를 모두 하는 '이도류'라는 전대미문의 길을 택하기도 했다. 이런 선택의 기로에 서게 되면 누구라도 고민하고 후회하기도 한다. 이렇게 했더라면, 저렇게 했더라면. 하지만 오타니는 이렇게 말한다. "무엇이 정답이었는지 무엇이 실패였는지는 죽기 직전까지도 알 수 없는 것 아닐까요?"라고. 그리고 이렇게 덧붙인다. "그 순간에 좋다고 생각했으면 다 좋은 것이고, 안 좋다고 생각했으면 어떻게 해도 안 좋았겠죠."

과학 실험이라면 다양한 시뮬레이션을 통해 정답을 도출할 수 있겠지만, 오타니뿐만 아니라 누구도 인생을 다시 살아볼 수 없기에 이런 고민은 그저 재미로 하는 논쟁에 불과하다. 오타니는 자신의 이도류 도전에 대해서도 이렇게 말한다.

"한쪽만 택했더라면 더 좋았을지도 모르죠. 하지만 두 가지를 모두 하는 것이 더 나았을 수도 있어요. 거기에는 정답이 없고, 저로서는 '내가 한 것이 정답'일 뿐입니다."

우리는 선택의 기로에 섰을 때 어느 쪽이 정답인지 고민한다. 하지만 하나만 선택할 수밖에 없다면, 중요한 것은 어느 쪽을 선택하든 '이걸 선택한 게 정답이었다'고 생각할 수 있게 후회 없이 살아내는 것이다. 오타니가 말했듯이 무엇이 정답인지는 죽기 직전까지도 알 수 없는 이상, 선택한 길에서 최선을 다하는 것이야말로 후회 없는 삶을 살 수 있는 방법이다.

원 포인트

**자신이 선택한 곳에서 최선을 다하면
후회 없는 삶을 살 수 있다.**

"해 보고 안 된다는 것을 깨달았다면
그건 그것대로 괜찮습니다.
해 보지도 않는 것은 아까워요.
그러니 시도해보고 제대로 깨닫습니다.
자신감은 그 뒤에 따라오는 거죠."

'퍼스트 펭귄'이라는 말이 있다. 집단으로 생활하는 펭귄 무리 중에서 천적이 있을지도 모르는 바닷속으로 물고기를 찾아 맨 먼저 과감하게 뛰어드는 펭귄을 일컫는 말이다. 이제는 그 의미가 확장되어, 위험을 두려워하지 않고 새로운 길을 개척하는 벤처 정신을 가진 사람이나 기업을 지칭하기도 한다. 그런 의미에서 오타니 쇼헤이는 일본 프로야구계의 진정한 퍼스트 펭귄이다.

프로야구 선수들의 아마추어 시절을 살펴보면, 리틀야구 리그나 고등학교 때 에이스이자 4번 타자였던 경우가 많다. 하지만 어느 시기부터는 타자나 투수 중 한쪽에 집중하게 되고 이도류를 하겠다는 선수는 없었다. 물론 프로에서도 과거에 투타 겸업을 한 선수가 몇몇 있었지만, 양쪽 모두에서 뛰어난 성적을 기록한 선수는 없었다. 그만큼 이도류는 '프로에서는 있을 수 없는 것', '해 봐야 소용없는 것'이라는 생각이 굳어져 있었다.

그렇기에 이도류 도전을 선언한 오타니와 닛폰햄의 쿠리야마 히데키 감독은 야구계의 원로들과 평론가들로부터 거센 비판을 받았다. 하지만 오타니 자신은 둘 다 하는 것에 실패하더라도 자기 자신에게는 플러스가 될 것이라고 긍정적으로 생각했다.

"해 보고 안 된다는 것을 깨달았다면 그건 그것대로 괜찮습니다. 해 보지도 않는 것은 아까워요. 그러니 시도해보고 제대로 깨닫습니다. 자신감은 그 뒤에 따라오는 거죠."

어떤 일을 시작할 때 많은 사람이 이렇게 묻는다. "자신 있어?" 하지만 오타니의 생각은 다르다. 자신감은 처음부터 있는 것이 아니라 실제로 해 본 결과로 생긴다는 것. 자신감이 있느냐 없느냐보다 중요한 것은 '일단 해 보는 자세'라는 말이다.

사방에서 무수히 들려오는 회의적인 말들을 들으면서 해내고 말겠다는 다짐을 했고, 설령 실패한다 해도 앞으로 이도류를 목표로 하는 후배들이 나왔을 때 자신의 도전이 그들에게 본보기가 되어 그들의 성공으로 이어졌으면 좋겠다는 생각도 했다고 한다.

그래서 그는 메이저리그 구단에서 자신에게 오퍼를 낼 때 이도류를 인정해준 것에 대해 "정말 기뻤고, 두 가지를 모두 하게 되어 다행이라고 생각합니다"라고 말했다. 2023년 MLB 드래프트에서 전체 1순위로 지명된 선수는 오타니를 동경해 이도류에 뜻을 두고 있는 폴 스케네스(피츠버그 파이리츠 소속으로, 24시즌 내셔널리그에서 신인상을 수상. 아직은 투수 전업 중)였다.

원 포인트

진정한 자신감은 도전 이후에 찾아온다.
먼저 시작해보려는 용기만이 필요할 뿐이다.

> "물론 돈이 있으면 좋고
> 필요 없다는 생각은 하지 않지만,
> 지금의 나에게 그 금액이 어울리는지
> 물으면 잘 와닿지 않아서
> 그보다는 지금 하고 싶은 일을
> 우선하고 싶어요."

2024년 1월, 오타니는 LA 다저스와 10년에 7억 달러의 계약을 체결했다. 이는 북미 프로 스포츠 사상 최고액이었기에 전 세계적으로 엄청난 화제가 되었다. 1995년 노모 히데오(일본 프로야구 데뷔 첫해인 1989년에 투수 3관왕 및 최다 탈삼진, 신인왕, MVP, 사와무라 상을 수상. 이후 메이저리그 데뷔 첫해에 내셔널리그 신인왕 수상 및 최다 탈삼진을 기록. 특유의 토네이도 투구 폼으로 유명하며 박찬호와 동시대에 활약하여 국내에서도 잘 알려진 선수)가 LA 다저스와 마이너리그 계약을 맺을 당시 계약금이 200만 달러, 연봉은 10만 달러에 불과했던 것을 감안하면 지난 30년간 메이저리그에서 일본 선수에 대한 평가가 얼마나 극적으로 높아졌는지 잘 알 수 있다. 2023년 12월에는 야마모토 요시노부가 투수로서는 역대 최고액인 12년에 3억 2,500만 달러의 계약을 다저스와 체결하기도 했다. 이처럼 일본 프로야구에서는 상상도 할 수 없는 거액의 계약들이 성사되면서, 젊은 선수들에게는 메이저리그를 꿈꾸는 것이 자연스러운 흐름이 되었다.

하지만 오타니가 처음 LA 에인절스와 계약했을 때 계약금은 230만 달러, 연봉은 메이저리그 최저 수준인 약 54만 달러였다. 이는 메이저리그 노사 협약에 따라 25세 미만의 해외 선수(당시 오타니는 23세)에 대한 계약금 상한선이 있었기 때문이다. 2년만 더 기다리면 수억 달러에 달하는 대형 계약을 확실히 맺을 수 있음에도 불구하고 굳이 최저 연봉으로 메이저리그로의 이적을 택했다는 것은 큰 화제가 되었다.

"거액의 계약을 포기하면서까지 왜 지금 이적하는가?"라는 질문에 오타니는 이렇게 답했다. "돈보다는 지금 하고 싶은 것을 우선하고 싶어요. 우연히도 마침 지금 하고 싶은 일이 있을 뿐이에요." 큰돈을 손에 넣는 것보다 메이저리그에서 뛴다는 '하고 싶은 일'을 선택한 것이고 이는 무엇과도 바꿀 수 없다는 말이었다. 물론 그가 돈에 완전히 무관심했던 것은 아니다.

"2년만 기다리면 평생 편안하게 살 수 있을 정도의 금액을 받을 수도 있겠죠. 부모님 생각을 하면 그게 맞는지도 몰라요. 물론 돈이 있으면 좋고 필요 없다는 생각은 하지 않지만, 지금의 나에게 그 금액이 어울리는지 물으면 잘 와닿지 않아서 그보다는 지금 하고 싶은 일을 우선하고 싶어요."

그의 이러한 태도는 메이저리그 선수들에게도 "오타니는 돈 때문에 미국에 오는 게 아니라 오로지 야구를 하기 위해서 오는 거야"라며 존중받았고 미국 팬들의 마음까지 사로잡았다.

원 포인트

돈이 전부가 아니다.
인생에는 더 중요한 것이 있다는 사실을 기억하자.

>>>>>>>>>>>>>>>>>>>>>>>>>>>>>>>>>>> 08 <<<<<<<<<<<<<<<<<<<<<<<<<<<<<<<<<<<<<

"이기고 싶다, 막아내고 싶다는 마음이 강한 쪽이 이긴다고 생각했습니다."

뛰어난 선수이자 명감독으로 활약한 노무라 카츠야(8년 연속 홈런왕, 타격 3관왕을 차지한 바 있는 일본 야구 역대 최강 공격형 포수. 감독으로서는 리그 우승 5회, 재팬시리즈 우승 3회를 기록)에게는 '노무라 야구=ID 야구('Important Data'의 약어로 '데이터를 중시하는 야구'라는 의미)'라는 이미지가 있다. 하지만 그런 노무라도 감독으로서 야쿠르트 스왈로스를 처음 리그 우승으로 이끌었을 때는 이렇게 말했다. "ID 야구도 마지막에는 근성이다."

오타니는 일본에서 활약할 때부터 압도적인 기량을 보여주면서도 어딘지 모르게 쿨하고 스마트한 이미지가 강했다. 그러나 실제로는 누구보다도 뜨거운 승부 근성을 지닌 선수였다.

2015년 WBSC 프리미어12('WBSC'는 국제야구연맹과 국제소프트볼연맹이 통합해 만든 국제야구기구이며 'WBSC 프리미어12'는 WBSC에서 주최하는 국제야구대회로 국제야구연맹 랭킹 상위 12개국이 참가하는 대회를 말함)에서 오타니는 1차전과 준결승전에서 두 차례 한국과 맞붙었다. 1차전

첫 경기에서 오타니는 선발투수로 등판해 한국을 상대로 삼진 10개를 잡아내는 호투를 펼치며 6회를 무실점으로 막아내고 일본에 승리를 안겼다.

한국과의 두 번째 경기는 패배하면 즉시 탈락하고 마는 준결승전이었다. 이때 오타니는 지난 경기와 같은 방식으로는 한국을 제압할 수 없다고 느꼈다. 자신을 무너뜨리기 위해 필사적으로 달려드는 상대에게 오타니는 각오를 다졌다. "마음에서부터 지면 안 된다. 한 수 위의 무언가를 보여줘야 한다."

그 결과, 오타니는 7이닝 동안 단 1개의 안타만 내주고 삼진 11개를 잡아내는 완벽한 투구로 한국 타선을 무실점으로 틀어막았다. 결국 승부를 결정지은 것은 '강한 마음'이었던 것이다. (그러나 오타니의 호투에도 불구하고 뒤이어 올라온 투수진이 9회 초 한국에 4점을 실점하면서 일본은 충격 속에 탈락하고 한국은 결승에 진출, 미국을 누르고 우승을 차지) 이 '강한 마음'은 빅리그(메이저리그)로 이적하면서 더욱 단단해진 것인지 2023년 WBC 준결승과 결승전에서 그는 자신이 팀을 이끌고 동료들을 격려하고 사기를 북돋우려는 치열한 투지가 넘쳐흘렀다. 거기에는 "이기고 싶고, 막아내고 싶다는 마음이 강한 쪽이 이긴다. 끝까지 포기하지 않는 것이 중요하다. 마지막 아웃 카운트가 올라갈 때까지"라는 승리를 향한 집념이 있었다.

특히 인상적이었던 것은 준결승전인 멕시코와의 경기였다. 호투하던 사사키 로키가 3점 홈런을 맞고 4회에 물러나고, 4번 타자 요시다 마사타카(보스턴 레드삭스)의 3점 홈런으로 동점을 만들었지만, 이어 등판한 야마모토 요시노부(LA 다저스)와 유아사 아츠키(한신 타이거즈)가 얻어맞으며 다시 리드를 내주었다. 1점 차로 뒤진 상

태로 맞은 마지막 회, 선두타자 오타니는 헬멧이 벗겨
질 정도로 강력한 2루타를 터뜨린 뒤, 2루 베이스에서
벤치를 향해 모두를 격려하는 세리머니를 반복한다. 그
열정이 팀에 전해져 일본은 무라카미 무네타카의 2루타와 슈토 우
쿄의 과감하고 재치 있는 주루로 극적인 역전승을 거둔다. (슈토 우쿄
는 세계 기록인 '13경기 연속 도루' 기록의 보유자로, 당시 1루에 대
주자로 나간 슈토가 무라카미의 2루타에 홈까지 쇄도해 5:6으로 역
전. 이후 일본은 결승에서 미국을 꺾고 WBC 세 번째 우승을 달성)

　　팽팽하게 맞붙는 승부에서 승패를 가르는 것은 근성과 집념이
다. 오타니는 역경 속에서도 결코 무너지지 않는 '불굴의 정신'을 지
닌 선수이다.

원 포인트

**역경에 몰려도 포기하지 않고
승리를 향한 집념을 이어 나가야 한다.**

"숫자에 대해서는
원인에 따라 결과가 나오는 것이니,
만족은 하지 않지만
받아들이고 있습니다."

제조업의 세계에는 '품질은 공정에서 만들어진다'는 개념이 있다. 제조업이 추구하는 것은 '좋은 제품을 만드는 것'이지만 좋은 제품을 '만드는 것'과 '제공하는 것'에는 차이가 있다. 좋은 제품을 고객에게 제공하는 방법은 간단하다. 생산된 제품 중 좋은 것만 선별하여 제공하면 된다. 그렇다면 처음부터 좋은 제품만 만들기 위해서는 어떻게 해야 할까? 공장에서 불량품이 만들어졌을 때 왜 그렇게 되었는지 근본적인 원인을 찾아내고 그 원인을 제거하면 된다.

이 과정을 반복하고 개선해 나가다 보면 '좋은 제품만 만든다'라는 이상에 가까워질 수 있다. 이것이 바로 '품질은 공정에서 만들어진다'는 개념이다. 즉 좋은 제품을 만들기 위해서는 불량품이 발생하는 원인을 없애는 것이 중요하고, 그 정확도가 높아질수록 품질이 안정적으로 유지된다는 뜻이다.

오타니가 일본과 메이저리그에서 끊임없이 자신의 '기술'을 연마하는 이유도 뛰어난 기술이 있어야 안정적으로 우수한 결과를 낼 수 있다는 사실을 알고 있기 때문이다. 닛폰햄 파이터스에 입단한 첫해, 투수로 13경기에 등판해 3승 0패, 방어율 4.23을 기록했고, 타자로는 주로 우익수로 77경기에 출전해 타율 0.238, 3홈런, 20타점이라는 성적을 기록했다. 시행착오 속에 이도류를 시도해가면서 얻은 결과였고, 고졸 신인으로서 이렇게 많은 경기에 출전한 것만으로도 충분히 대단한 성과라고 할 수 있다.

이 성적에 대해 오타니는 이렇게 말했다. "숫자(성적)에 대해서는 원인에 따라 결과가 나오는 것이니, 만족은 하지 않지만 받아들이고 있습니다."

항상 높은 목표를 추구하는 오타니이기에 '만족은 하지 않는다'는 말은 이해가 된다. 그렇다면 '받아들이고 있다'는 말은 어떤 의미일까? 오타니는 경기 준비를 철저히 하고 훈련에 진지하게 임하는 선수이다. 자신이 해야 할 일을 다 했기에, 숫자는 지금의 자기 실력이 그대로 반영된 결과이고, 이 숫자를 끌어올리기 위해서는 더 많은 훈련을 통해 자신의 실력을 더 향상시키는 것이 필요하다는 뜻이다. 원인에 따라 결과가 만들어지는 것이므로 오타니는 숫자라는 현재의 결과를 겸허히 받아들이되 오직 실력을 키우는 것에 집중한다. 그것만이 만족할 만한 결과를 얻는 유일한 방법이기 때문이다.

───────── 원 포인트 ─────────

**최상의 결과를 원한다면
문제를 하나씩 꼼꼼하게 개선해 나가야 한다.**

"나는 아직
서른 살도 안 되었고,
내 한계를
시험해보고 싶었습니다."

오타니는 스스로 "수면욕이 엄청나다"고 말할 정도로 수면 관리에 철저하고, 식사 또한 외식을 최소화하며 건강한 식습관을 유지하고 있다. 과거에는 프로야구 선수라고 하면 화려한 술자리와 사교 활동을 즐긴다는 이미지가 강했는데, 오타니는 그런 것과는 가장 거리가 먼 선수이다.

그가 이토록 철저하게 건강을 관리하는 이유는 단 하나, 건강해야 하고 싶은 것을 해낼 수 있기 때문이다. 토미 존 수술(손상된 팔꿈치 인대를 다른 곳에 있는 힘줄로 교체해주는 수술)로 인해 투구를 할 수 없었던 시기, 부상으로 인해 몸을 제대로 움직일 수 없었던 경험 등 힘든 시기를 겪었기에 그는 더욱 건강의 중요성을 인식하고 철저한 관리를 실천하고 있는 것이다.

"피지컬을 최대로 사용해서 100%의 컨디션으로 훈련을 할 수 있다는 것이 무엇보다 기쁩니다. 재활에 초점을 맞춘 훈련과 모든 능력을 끌어올리기 위한 훈련 중 어느 쪽이 더 발전할 수 있느냐고 묻는다면 당연히 후자겠지요."

메이저리그 1년 차에 토미 존 수술을 받아들인 것도 '아, 팔을 제대로 돌릴 수 없구나'라는 생각을 가진 채 마운드에 오르는 것이 즐겁지 않기 때문이었다. 아무 불안감 없이 온 힘을 다해 훈련하고, 전력으로 플레이할 수 있는 몸 상태가 오타니에게는 무엇보다도 중요했다.

그 후 2023년, 오타니는 두 번째 토미 존 수술을 받기로 한다. "그건 첫 번째 수술 때와 마찬가지로, 당장의 경기에서 던지고 있는 것이 즐겁지 않았기 때문입니다."

오타니에 따르면 그때에도 시속 150km 정도의 공은 통증 없이 던질 수 있었다고 한다. 일반적으로 150km 정도면 충분한 구속이고, 실제로 메이저리그 투수들 중에는 굳이 수술을 하지 않고 구속을 조금 낮춰서 기교파로 전향하는 선수도 있다. 그러나 오타니의 생각은 달랐다.

"하지만 그런 건 즐겁지 않아요. 나는 아직 서른 살도 안 되었고, 내 한계를 시험해보고 싶었습니다."

수술을 하고도 안 된다면 그때는 포기할 수 있지만 그렇게 하지 않고 만족스럽지 못한 공을 던지는 것은 자신을 위해서도, 팀을 위해서도, 팬을 위해서도 좋지 않다고 생각한 오타니는 수술을 결심한다. 야구를 하는 이상, 항상 최고의 상태로 최고의 공을 던지고 최고의 타격을 하고 싶고 이를 위해 최선을 다하는 것이 오타니의 방식이다.

─────────── **원 포인트** ───────────

하고 있는 이상 최선을 다한다.
그러기 위해 항상 최대의 준비를 한다.

"동경은 버리고
이기는 것만 생각합시다."

스포츠나 비즈니스에서, 싸우는 상대나 협상 상대에 대해 지나친 존경심이나 두려움을 품고 있으면 자신이 가지고 있는 능력의 절반도 발휘하지 못하게 된다. 원래는 그렇게까지 실력 차이가 나지 않음에도 불구하고 '상대하기에 너무 벅차다', '지금의 나로서는 이길 수 없다'는 생각에 사로잡혀 이길 수 있는 능력이 있더라도 지고 마는 경우가 있다. 그런 상대를 이기기 위해서는 어떻게 해야 할까?

제5회 WBC 결승전 직전, 처음으로 '로커룸 스피치'를 맡게 된 오타니는 "동경은 버리고 이기는 것만 생각합시다"라는 메시지로 일본 대표팀 선수들을 하나로 묶어 우승을 향한 투지를 불붙게 했다.

"마이크 트라웃도 있고, 무키 베츠도 있고, 모두가 알 만한 선수들이 있을 겁니다. 하지만 그들을 동경해버리면 뛰어넘을 수 없어요. 우리는 정상에 오르기 위해 여기에 왔습니다. 오늘 하루만큼은 그들에 대한 동경을 버리고 오직 이기는 것만 생각합시다."

34

오타니가 전하고자 하는 메시지는 분명했다. 미국 대표팀에는 야구를 좋아하는 사람이라면 누구나 아는 쟁쟁한 선수들이 즐비했다. 그중에는 평소 동경하고 존경하는 선수들도 있을 텐데, 그것이 독이 되어 '저 선수를 막을 수는 없을 거야', '저 선수의 공을 칠 수는 없을 거야', '저런 멤버를 상대로 이길 수는 없을 거야'라는 나약한 마음이 생기면 이길 수 있는 경기조차도 지게 된다는 것이다.

미국을 꺾고 세계 1위가 되는 것이 일본 대표팀의 목표였던 만큼 지나친 동경과 지나친 두려움을 버리는 것이 필요했다. 그러기 위해서 오늘 하루만큼은 그런 감정을 잊고, 대등한 입장에서 반드시 이기겠다는 마음을 모두가 품기를 바란다는 메시지를 팀 동료들에게 전하고 싶었던 것이다. 일본 팀이 미국 팀에 뒤지지 않는 실력을 가지고 있다는 믿음이 있기에 할 수 있는 말이었다.

처음부터 '이런 건 할 수 없어'라는 생각에 사로잡히면 할 수 있는 일조차도 못하게 된다. '마음에서부터 지지 말자'는 단순한 말처럼 들리지만, 승부에 임할 때나 중요한 비즈니스 협상 때 반드시 지녀야 할 매우 중요한 마음가짐이다.

원 포인트

동경과 존경은 할 수 있다.
하지만 마음속에서는 언제나 '대등한 상대'라고 생각하자.

"기대되는 것과
계산되는 것은 다릅니다."

스포츠나 비즈니스에서 '기대되는 신인', '기대되는 젊은 인재'라는 표현은 흔히 쓰지만 '기대되는 중견'이라는 표현은 없다. '기대'라는 것은 '이 정도는 해줄 거다'라는 가정이며, 해주면 기쁘고 실패하더라도 어쩔 수 없다고 받아들여지는 측면이 있다.

오타니는 2017년의 닛폰햄 시절에도 WBC 출전이 기대되었지만, 당시에는 부상으로 인해 나가지 못했다. 그때의 오타니는 일본 대표팀의 '기대되는 선수'였다. 이후 2023년 제5회 WBC에 출전한 오타니에게는 '기대를 훨씬 뛰어넘는 활약'이 요구되었다. 이미 메이저리그에서 이도류로서 MVP를 수상할 정도의 선수였으니 당연했다.

그런 의미에서 2023년 WBC는 일본 대표팀에게도, 오타니에게도 간절히 바라던 출전이었다. 그런데 오타니는 2023년 당시, 2017년의 자신과 지금의 자신을 비교했을 때, 지금 더 큰 부담을 느낀다고 말했다. "팀에서 저는 이제 주요 전력으로 계산되는 위치가 되었다고 생각해요. 이 정도는 해줄 거라는 가정이나 기대가 아니라 계산되는 선수로서 어떤 성적을 내야 하는지에 대한 부분이 프레셔 (pressure)가 되는 것 같아요."

오타니에 따르면, 기대를 받고 있는 동안은 열심히만 하면 되지만 '계산되는 선수'로 올라서는 순간 그에 상응하는 성적을 요구받게 된다. '해내는 게 당연하다'고 자신을 포함해 팀과 팬들이 믿고 있기 때문이다.

그만큼 압박도 느껴지고 제대로 해내야 한다는 책임감이 생긴다는 것이 오타니의 생각이다. 기대를 받는 단계는 아직 부족하다는 뜻이고 '계산되는 선수'가 되어야 비로소 진정한 실력자라 할 수 있는 것이다. WBC에서 일본을 세계 1위로 이끌고, 빅리그에서도 두 번째 MVP를 차지한 오타니는 2023시즌 종료 후 다저스로 이적했는데, 당연히 오타니에게 거는 기대는 매우 컸다.

"기대를 받으며 다저스에 입단했으니 기대에 부응할 수 있어야겠죠. 그게 선수로서 신뢰를 얻는 유일한 방법이니까요. 결국 저에게 필요한 건 새 시즌에 결과로 보여주는 것이 아닐까요?"

성과를 거두면 거둘수록 주변의 기대는 커져만 간다. 어느 시점부터는 기대를 넘어 '계산되는' 위치가 되지만, 그것을 계속 뛰어넘어야만 비로소 슈퍼스타가 될 수 있다.

원 포인트

**기대가 계산으로 바뀌어야 진정한 실력자가 된 것이고
비로소 압도적인 신뢰를 얻을 수 있다.**

" 02

목표는
높게
잡는다

"160km를 목표로 삼으면 158km 정도에서 끝나버릴 가능성이 있기 때문에 목표를 더 높게 잡았습니다."

목표를 세우는 방식은 사람마다 다르다. 절대 불가능할 것 같은 높은 목표를 세우고 이를 달성하기 위해 노력하는 사람도 있고, 현재의 자신이 조금만 노력하면 이룰 수 있을 것 같은 목표를 세우는 사람도 있다. 후자는 '달성하는 것' 자체를 중시하는 반면, 전자는 '설령 달성하지 못하더라도 한계를 뛰어넘을 수 있다'는 것을 기대하는 방식이라고 할 수 있다.

오타니는 고교 시절 늘 작성했던 '목표 달성 시트'에 '구속 160km'라고 적었다. 지금은 160km를 던지는 투수가 있고 고교 선수 중에도 150km가 넘는 공을 던지는 투수가 늘어나고 있지만, 오타니가 고등학교 1학년이었던 15년 전만 해도 160km는 꿈의 숫자였고 실현 불가능하다고 여겨질 정도로 높은 목표였다. 하지만 사사키 히로시 감독은 입학 때 이미 130km대 중반의 공을 던지는 오타니를 보며 훈련 방법에 따라서는 160km가 가능하지 않을까 생각했다. 그 기대에 부응하듯 오타니는 목표 달성 시트에 '160km'라고 적었는데, 놀라운 것은 다른 시트에는 '163km'라는 숫자를 적어 두고 있었다는 점이다. 왜 서로 다른 숫자를 적었을까?

"160km를 목표로 삼으면 158km 정도에서 끝나버릴 가능성이 있기 때문에 목표를 더 높게 잡았습니다."

160km를 내기 위해서는 그보다 더 높은 163km를 목표로 삼아 연습해야 달성 가능하다는 것이 열다섯 살 오타니의 사고방식이었다.

사사키 감독은 감탄할 수밖에 없었다. "1위를 목표로 해서 2, 3위를 할 수는 있어도 3위를 목표로 해서 1, 2위를 할 수는 없다." 일본 여자배구팀을 이끌고 2012년 런던 올림픽에서 28년 만에 메달을 따낸(동메달 결정전에서 한국에 3:0으로 승리) 마나베 마사요시 감독의 말이다. 사사키 감독 역시 지금까지의 경험으로 볼 때 '10'을 목표로 하면 '8' 정도를 해내게 되듯이 목표한 것보다 조금 낮은 지점까지만 도달하는 경우가 많다는 것을 알고 있었다.

나중에 그는 오타니를 불러서 "160km는 나올 것이다. 그걸 위해 목표를 163km로 바꿔 적어라"라고 말했는데, 이미 오타니가 다른 시트에 그 숫자를 적어서 자신의 로커에 붙여 놓은 후였다. 어느 수준까지 도달할 수 있을지는 처음 설정한 목표에 따라 결정된다. 오타니는 이미 고등학교 시절부터 '훨씬 더 높은 곳'을 바라보고 있었다.

원 포인트

목표를 높게 세워라.
비록 달성하지 못더라도 지금보다 더 크게 성장할 수 있다.

"목표를 달성했을 때의 기쁨과 설렘을 지금도 생생하게 기억하고 있어요. 그렇게 쌓인 경험이 새로운 목표를 세우고 도전할 수 있는 힘을 솟아나게 만듭니다."

사람이 성장하는 데 있어 '성공 경험'은 매우 중요하다. 누구도 처음부터 대단한 일을 해낼 수는 없다. '이걸 해 보고 싶다'는 생각으로 도전했다가 안 되는 경우도 많지만, 거기에 좌절하지 않고 작은 도전과 소소한 성공을 쌓아가다 보면 조금씩 자신감이 생기고 마침내 큰 목표도 달성할 수 있게 된다.

오타니에게 잊을 수 없는 '성공 경험'은 고교 시절의 '160km' 도전이었다. 고교 입학 시점에 그는 이미 130km대 중반의 구속을 기록했고, 긴 팔 등 속구를 던지기에 필요한 절대적인 조건들을 갖추고 있었다. 하지만 사사키 히로시 감독은 오타니를 투수로 기용하지 않고 우익수 수비를 맡기며 체력을 강화시켰다. 거기에 더해 63kg이었던 몸무게를 20kg 정도 더 증량한다면 160km가 나올 것이라고 사사키 감독은 확신했다.

오타니의 설명에 의하면 몸집을 키워서 힘이 붙으면 투구 폼이 간결해져 더 정교한 피칭이 가능해진다고 한다. 힘이 부족하면

100% 이상 풀 액셀을 밟아 흔들림을 각오하고 던져야만 160km가 나오는 반면, 힘이 뒷받침되면 안정적이고 정확도 높은 160km가 가능하다는 것이다.

마침내 3학년 여름, 오타니는 이와테현 대회 준결승전에서 '꿈의 구속 160km'를 달성하였고 이 경험은 이후 그에게 큰 영향을 미친다. 프로에 진출해서는 163km, 165km를 기록하기도 했다. "목표를 달성했을 때의 기쁨과 설렘을 지금도 생생하게 기억하고 있어요. 그렇게 쌓인 경험이 새로운 목표를 세우고 도전할 수 있는 힘을 솟아나게 만듭니다"라는 오타니의 말처럼 성공 경험은 더 높은 목표 달성에 강한 원동력이 된다.

원 포인트

**작은 성공 경험들을 소중히 쌓아나가면
그것이 큰 목표를 향한 추진력이 된다.**

"아무 고민 없이 내리는 직감과 깊이 고민한 끝에 도달한 직감은 완전히 다른 것이라고 생각합니다."

인생의 갈림길에 섰을 때, 사람들은 무엇을 기준으로 선택을 할까? 어떤 이는 '어느 쪽이 성공 확률이 높은지', '어느 쪽을 선택하는 것이 나에게 이익이 되는지'를 기준으로 삼을 것이고, 또 어떤 이는 스스로 결정하지 않고 부모의 의견을 그대로 따르거나 점술 등에 의지하기도 한다. 어떤 방식을 쓰든 결국 마지막에는 하나를 선택해야 한다.

오타니도 인생에서 여러 번 선택의 갈림길에 놓였던 적이 있지만 그중 가장 어려웠던 순간은 고등학교 졸업 후 '메이저리그 직행'과 '닛폰햄 입단' 사이의 선택이었을 것이다. 처음에는 바로 메이저리그에 도전하겠다는 의지가 확고했지만, 드래프트 후 한 달 반쯤 지난 2012년 12월, 최종적으로 닛폰햄 입단을 결정했다.

"지명된 후에도 메이저리그에서 뛰어보고 싶다는 마음이 강해서 닛폰햄에는 가지 않겠다고 생각했습니다. 하지만 여러 차례 대화를 나누면서 점점 이곳에서 도전해보고 싶다는 마음이 강해졌어요.

수차례 협상을 거듭하는 동안 여기에서 나 자신을 몰아붙이며 성장하고 싶다는 생각을 하게 되었습니다."

당시 오타니는 "지금까지 부모님과 이렇게 많은 이야기를 나눈 적이 없었던 것 같다"고 말할 정도로 깊이 상의했고, 닛폰햄 관계자들과의 논의와 자문자답을 반복하면서 자신의 의사를 굳혔다고 한다. 그는 "아무 고민 없이 내리는 직감과 깊이 고민한 끝에 도달한 직감은 완전히 다른 것"이라고 말한다.

"아무 생각 없이 하루하루를 보내다가 '오른쪽으로 갈까, 왼쪽으로 갈까?' '그래, 직감에 따라 왼쪽으로 가자!'라고 결정하는 것은 진정한 직감이라고 할 수 없어요. 직감은 자신의 확신을 바탕으로 해야 합니다. 오랫동안 다양한 것들을 고민해 왔기 때문에 선택의 순간이 왔을 때 '이게 맞다'라고 스스로 답을 내릴 수 있게 되는 거죠. 매일 쌓아온 경험이 있어야 올바른 직감이 나올 수 있고, 그것은 고민을 깊이 거듭한 끝에 내리는 직감입니다."

매일 다양한 것에 대해 생각하는 훈련을 게을리하지 말아야 한다. 그런 축적이 있어야만 비로소 즉흥적인 선택과는 다른 올바른 직감을 키울 수 있다.

원 포인트

**매일매일 다양하게 생각하는 습관을 가지면
올바른 결정을 신속하게 내릴 수 있게 된다.**

"기대는 부응하는 것이 아니라 뛰어넘는 것이죠. 그러니 주변에서 생각하고 있는 것보다 한 단계 더 나아갈 수 있다면 좋지 않을까요?"

"팬들의 기대에 부응하는 것이 스타라면, 슈퍼스타는 그 기대를 뛰어넘는 사람이다." 이는 '미스터 프로야구'로 불리는 나가시마 시게오의 말이다. 일본 프로야구 역사상 나가시마보다 더 훌륭한 성적을 남긴 선수는 많다. 그러나 그의 이름이 지금도 회자되는 이유는 데뷔전에서의 4연속 삼진, 천황이 관람한 경기에서의 홈런 등 인상적인 플레이가 많았기 때문일 것이다. 게다가 감독으로서도 첫해 최하위를 기록했던 굴욕을 이듬해 최종전 승리로 우승을 결정짓는 기적을 연출하며 되갚은, 그야말로 슈퍼스타였다.

오타니는 고교 시절 감독에게 들었던 "기대는 부응하는 것이 아니라 뛰어넘는 것"이라는 말을 즐겨 사용하며 이를 실천해왔다.

2016년 7월, 리그 우승을 다투는 소프트뱅크와의 3연전에서 닛폰햄의 쿠리야마 히데키 감독은 오타니를 파격적으로 '1번 타자 겸 투수'로 기용한다. 무슨 수를 쓰더라도 승리하고 싶었던 쿠리야마 감독이 '어떤 타순이 상대에게 가장 압박감을 줄 것인가'를 고민한 끝에 오타니를 1번으로 기용한 것이다. 이를 통보받은 오타니는 별다른 대답은 하지 않았지만 속으로는 홈런을 노리고 있었다. 그는 이렇게 회상한다.

"홈런을 노렸습니다. 아니, 반드시 치겠다고 생각했어요."

타석에 들어선 오타니는 불과 경기 시작 5초 만에 홈런을 터뜨린다. 일본 프로야구 역사상 최초로, 1회 초에 투수가 1번 타자로 나와 상대의 초구를 홈런으로 만든 것이다. 쿠리야마 감독을 비롯한 누구도 상상하지 못했던 홈런으로 오타니는 모든 사람에게 강렬한 충격을 안겼다.

"정말 이런 선수가 있구나!" 쿠리야마 감독은 경탄했다.

오타니라면 뭔가 해줄 거라는 기대를 가지고 내보낸 것은 맞지만, 그날의 오타니는 기대를 훨씬 뛰어넘는 활약을 펼쳤다. 이 경기 이후 시즌 후반기에 돌입한 닛폰햄은 기세를 몰아 리그 우승, 그리고 재팬시리즈 제패를 이루어낸다.

제5회 WBC에서도 오타니는 또다시 기대를 뛰어넘는 모습을 보여주었다. 준결승전에서 역전의 발판이 된 2루타, 그리고 결승전 마지막 타석에서 트라웃을 삼진으로 돌려세우는 장면 등은 팬과 감독, 선수들의 기대를 뛰어넘는 명장면이었다. 오타니에게 기대는 부응하는 것이 아니라 뛰어넘는 것이다.

──────────── 원 포인트 ────────────

**'기대한 만큼'이 아니라 조금이라도 '기대 이상'을 보여주는 것,
좋은 평가는 거기에서 이루어진다.**

"'저렇게 되고 싶다'가 아니라, 그 사람을 뛰어넘을 수 있도록 노력했으면 좋겠어요."

이와테현의 야구 관계자라면 모르는 사람이 없을 정도였던 오타니가 하나마키히가시 고등학교 진학을 선택한 데는 두 가지 이유가 있었다. 하나는 연습 환경 등을 보고 이곳이라면 자신이 성장할 수 있겠다고 느꼈기 때문이고, 또 하나는 오타니가 중학교 3학년 때 그 학교가 봄의 선발대회에서 준우승, 여름의 고시엔 대회에서도 4강에 진출할 정도로 뛰어난 성적을 거두었기 때문이다. [일본의 고교 야구 고시엔 대회는 3월에 개최하는 '선발 고등학교 야구 대회(일명 '봄의 고시엔')'와 8월에 열리는 '전국 고등학교 야구 선수권 대회(일명 '여름의 고시엔')'가 있으며, 여름의 고시엔 대회가 규모가 더 크고 대회 운영 방식이 까다로운 등 우승하기가 어려워 일본 고교 야구 선수들에게는 꿈의 무대로 여겨짐]

한동안 이와테현 대표팀은 고시엔 대회에서 대전표가 결정되면 상대 학교가 기뻐할 정도로 약체로 평가받았다. 그러나 하나마키히가시 고교가 '이와테에서 일본 최고'를 기치로 내걸고 돌풍을 일으키자, 오타니를 비롯한 이와테현의 다른 선수들에게도 자극이 되어 잇따른 입학으로 이어졌다.

그 변화의 중심에는 현재 메이저리그에서 활약하고 있는 투수 기쿠치 유세이(오타니의 고교 3년 선배로 2010년 일본 프로 데뷔, 2019년 메이저리그로 이적, 현 LA 에인절스 투수)가 있었다. 기쿠치 등의 활약으로 이와테현 전체가 야구에 열광하면서 모두가 하나가 되는 모습을 본 오타니는 하나마키히가시 고교로의 진학을 결심하게 된다.

기쿠치라는 빼어난 에이스가 졸업하자마자 오타니가 입학한 것을 기뻐하면서도 한편으로는 강한 책임감을 느낀 사사키 히로시 감독은 오타니에게 이렇게 가르쳤다. "'누구처럼 되고 싶다'는 생각으로는 그 사람을 뛰어넘을 수 없어. '뛰어넘고 싶다'고 생각하지 않으면 안 돼."

스포츠뿐만 아니라 연예계나 예술계에서도 누군가를 동경하고 존경하는 것은 자연스러운 일이고 결코 나쁜 것이 아니다. 그러나 그 마음이 너무 강하면 모방에만 그치게 되어 '제2의 누군가'로 머물 수밖에 없게 된다. 존경은 하되 뛰어넘겠다는 강한 의지가 있어야만 비로소 동경하는 존재를 능가할 수 있는 것이다.

하지만 오타니에게는 그런 걱정이 필요 없었다. 오타니가 기쿠치의 활약에 자극을 받은 것은 사실이지만, 한편으로는 "만약 기쿠치 선배 기수가 선발대회나 고시엔에서 우승을 했다면 나는 하나마키히가시 고등학교를 선택하지 않았을지도 몰라요"라고 말했기 때문이다.

오타니가 하고 싶었던 것은 기쿠치를 동경하고 기쿠치처럼 되는 것이 아니라, 기쿠치 기수가 이루지 못한 고시엔에서의 우승이었다. 이도류가 그러했듯, 오타니를 움직이게 하는 것은 '아무도 해 본

적 없는 것을 해 보고 싶다'는 도전 정신이었다.

메이저리그로 떠나기 전, 삿포로돔에서 열린 기자회견에서 아이들에게 전하고 싶은 메시지를 요청받은 오타니는 이렇게 답했다. "'저렇게 되고 싶다'가 아니라, 그 사람을 뛰어넘을 수 있도록 노력했으면 좋겠어요." 이는 오타니 자신이 스승에게 배워 온, 그리고 늘 지켜 온 삶의 자세이기도 하다.

———————————— **원 포인트** ————————————

롤모델을 갖는 것은 좋다.
그러나 그것은 목표이자 반드시 뛰어넘어야 할 대상이기도 하다.

"인생에 목표가 있다면
당당하게 말해야 합니다."

"'되고 싶다'와 '될 것이다'는 비슷해 보이지만 결코 겹치지 않는 차이가 있습니다." 오타니의 스승 쿠리야마 히데키 감독의 말이다. 어린 시절 '축구 선수가 되고 싶다', '아이돌이 되고 싶다'는 식으로 자신의 꿈을 말하는 아이들이 많은데, 쿠리야마에 따르면 '되고 싶다'는 마음에는 일이 잘 안 풀리면 쉽게 나약한 감정이 끼어든다고 한다. 꿈을 좇다가도 '역시 난 안 되나 보다'라는 생각이 들면서 포기하게 된다는 것이다. 그러면 어떻게 해야 꿈을 계속 추구할 수 있을까?

쿠리야마 감독이 닛폰햄을 이끌던 당시, 팀의 4번 타자였던 나카타 쇼는 일찍부터 자신이 프로 선수가 될 것임을 믿어 의심치 않았다고 한다. 중요한 것은 '되고 싶다'가 아니라 '될 것이다'라고 스스로에게 다짐하는 것이다. '될 것이다'라는 마음은 쉽게 흔들리지 않고, 실패하더라도 '더 노력하자'고 스스로를 독려하는 힘이 된다는 것이 쿠리야마가 경험으로 깨달은 교훈이다.

"저는 장래에 고시엔에 출전하고, 프로야구에 드래프트 1순위로 입단할 것입니다. 그래서 100억 엔짜리 선수가 되겠습니다." 마쓰자카 다이스케(고시엔 대회에서 압도적인 활약을 펼쳤던 투수로 1998년 프로에 입단한 뒤 2007년 메이저리그에 진출)가 초등학교 졸업식에서 학부모들을 앞에 두고 선언한 말이다. 이때 학부모들은 어린아이의 허풍이라고 생각했는지 웃음을 터뜨렸다고 하는데, 마쓰자카는 훗날 자신이 말한 모든 것을 실현했다.

아이들의 꿈은 종종 부모나 주변 어른들에게 웃음거리가 되기도 하지만 "인생에 목표가 있다면 당당하게 말해야 한다"고 오타니는 말한다. 그는 야구를 시작한 초등학교 2학년 때부터 "나는 프로야구 선수가 될 거예요"라고 자신 있게 말했다고 한다. 그리고 그것을 단 한 번도 의심해 본 적이 없다고 말한다. 그렇게 누구 앞에서든 자신의 꿈에 대해 당당하게 말할 수 있어야만 실제로 프로야구 선수가 될 수 있는 거라고 생각했기 때문이다.

우리는 어른이 되어가면서 어린 시절의 꿈을 잊고 현실적인 삶을 목표로 하는 경향이 있지만, 어릴 적 꿈을 당당하게 말하고 그 꿈을 끝까지 좇은 사람만이 그것을 이룰 수 있게 된다. 자신의 꿈에 대해 진지하게 말하고 노력하는 모습이 결국 주변 사람들까지 그것을 진심으로 믿게 만들기 때문이다.

원 포인트

**하고 싶은 일이 있다면 누구에게라도 당당하게 말하자.
남은 건 실천뿐이다.**

"'어디까지 할 수 있는가'에 대해서는 스스로 한계를 두지 않습니다. 어디까지라도 할 수 있다고 믿고 계속 노력하면 대부분의 일은 다 이뤄낼 수 있으니까요."

심리학자 알프레드 아들러는 "대부분의 사람은 지금보다 더 멀리 나아갈 수 있다"고 말했다. 그는 다양한 연구와 경험을 통해 "사람은 얼마든지 성장할 수 있다"고 단언했지만, 현실의 사람들에게는 스스로 자신의 한계를 설정해버리는 나쁜 경향이 있다.

명선수이자 명감독이었던 노무라 카츠야에 따르면, 프로야구 세계에서 성장하지 못하는 선수들은 '나는 이걸로 충분해', '내 실력은 이 정도야'라는 식으로 자신의 능력을 한정 짓는 경우가 많다고 한다. 뚜렷한 원인도 없는데 조금만 벽에 부딪혀도 '나는 이 정도니까'라는 생각으로 쉽게 포기하고, 그 이상의 능력이 있는지 없는지 도전해보지도 않은 채 '뭐, 이 정도면 열심히 한 거지'라고 타협해 버린다는 것이다. 이것은 아들러가 말한 '더 멀리 나아갈 수 있다'는 가능성을 스스로 닫아버리는 셈이다.

우리는 어른이 되어갈수록 자신이 할 수 있는 일과 할 수 없는 일을 구분하게 되고 보다 현실적인 선택을 하게 된다. 그것은 곧 꿈을 포기하는 일이기도 하다. 그런데 오타니는 "자신은 여기까지밖에 할 수 없을 거라는 안이한 추측만으로 한계를 정하는 것은 쓸데없는 일이라고 생각한다"고 단언한다.

고교 시절에는 구속 160km를 목표로 하여 훌륭히 달성했고, 프로야구에 입문할 때 이도류에 도전하겠다고 공언했으며, 프로 2년 차에는 베이브 루스 이후 처음으로 '동일 시즌 두 자릿수 승수와 두 자릿수 홈런(2014년 11승-10홈런 달성. MLB에서는 2022년 15승-34홈런 기록)'을 달성했고, 4년 차에는 팀을 일본 챔피언으로 이끌며 퍼시픽리그(일본 프로야구는 센트럴리그와 퍼시픽리그의 양대 리그제로 운영되는데, 센트럴리그에는 지명타자 제도가 없고 퍼시픽리그에는 있다는 것이 가장 큰 차이점이며 각 리그에서의 우승팀이 재팬시리즈에서 최종 챔피언을 결정) MVP를 수상하기도 했다.

그리고 꿈에 그리던 메이저리그에서도 신인왕과 홈런왕, 두 번의 MVP(2024시즌 54홈런, 59도루를 수확하며 사상 최초로 50홈런-50도루를 달성했고, 아울러 134득점, 130타점, OPS 1.036으로 이 세 부문 모두 내셔널리그 1위를 차지하며 세 번째 MVP를 수상)를 차지하며 꾸준히 '세계 최고의 야구 선수'를 향해 성장하고 있다. 이처럼 오타니가 끊임없이 최고를 향해 나아갈 수 있는 것은 결코 자신의 능력에 한계를 두지 않고 사람은 얼마든지 성장할 수 있다고 진심으로 믿기 때문이다.

"'어디까지 할 수 있는가'에 대해서는 스스로 한계를 두지 않습니다. 어디까지라도 할 수 있다고 믿고 계속 노력하면 대부분의 일은 다 이뤄낼 수 있으니까요"라는 것이 오타니의 사고방식이다.

─── 원 포인트 ───

**스스로에게 한계를 두지 말고
어디까지든 나아갈 수 있다고 믿는 것이 중요하다.**

"타자가 3할을 치면 대단하다고 하는데, 단 한 번의 실수도 없이 타율이 10할일 때 비로소 100%라고 할 수 있는 것 아닐까요?"

메이저리그에서 '매덕스를 달성한다'는 것은 투수가 100구 미만으로 9회 이상을 던져 상대 타선을 완봉하는 것을 의미한다. 정밀기계와 같은 제구력을 무기로 이 위업을 열세 번이나 달성하며 통산 355승을 기록한 대투수 그렉 매덕스의 이름을 따서 이렇게 부른다.

'매덕스 달성'이야말로 팀에게도 투수에게도 정말 이상적인 피칭이라 할 수 있는데, 여기서 한 발 더 나아가 오타니가 이상적으로 생각하는 투구는 '27구 투구와 81구 투구의 균형을 둘 다 갖추는 것'이다.

'27구 투구'란 한 경기에서 모든 타자를 초구에 아웃시켜 27구로 끝내는 궁극의 '맞춰 잡는' 피칭이다. 그리고 '81구 투구'란 모든 타자를 '3구 삼진'으로 잡아내는 피칭이다. 둘 다 이상적이지만 오타니는 둘 중 하나가 아닌 둘 다 구사할 수 있어야 이상적이라고 생각한다. 27구로 경기를 끝내려고 하면 모든 공이 방망이에 맞아야 하는데 경우에 따라 그 한 타구가 바람을 타고 홈런이 될 수도 있다.

그런 위험을 피하기 위해서는 초반에 리스크가 적은 상황에서는 투구 수를 아끼는 27구 투구를 하고, 득점권에 주자가 있는 상황이나 경기 후반 1점을 다투는 상황에서는 실수로라도 한 방을 맞지 않도록 3구 삼진으로 잡아내는 81구 투구가 필요하다. 이 두 가지를 상황에 따라 적절히 구사할 수 있어야만 경기를 지배할 수 있다는 것이 오타니의 생각이고 그가 이상적으로 여기는 투구 방식이다. 여기에 더해 타격과 관련해서는 이런 목표도 언급하고 있다.

"내 타격이 몇 %까지 도달했는지 모르겠고 무엇을 100%라고 봐야 할지도 모르겠어요. 다만, 타자가 3할을 치면 대단하다고 말하는데, 단 한 번의 실수도 없이 타율이 10할일 때 비로소 100%라고 할 수 있는 것 아닐까요?"

엄청난 목표이다. 투수라는 상대가 있는 이상 모든 경기에서 '타율 10할'을 달성하는 것은 불가능하다. 하지만 이런 다다를 수 없는 목표를 좇기 때문에 오타니는 항상 변화하고 계속해서 진화해 나가는 것이다. 사람이 어디까지 도달할 수 있는지는 결국 자신이 설정한 '눈높이'에 따라 결정된다.

원 포인트

목표는 한없이 높게 설정하라.
목표의 높이에 따라 무엇을 할 수 있는지가 결정된다.

"완벽한 한 경기의 연장선상에
완벽한 한 시즌이 있습니다."

오타니의 목표는 '세계 최고의 야구 선수가 되는 것'이다. 메이저리그에 진출한 이후 두 차례 MVP를 수상하고 홈런왕에 오르는 등 대단한 성적을 기록하고 있지만 오타니 자신은 '타율 3할, 40홈런'과 같은 수치보다는 자신의 야구 기술을 어디까지 끌어올릴 수 있는지, 야구인으로서 얼마나 성장하고 있는지를 더 중요하게 여긴다.

아득히 높은 곳을 목표로 하고 있는 것은 분명하지만, 그보다 더 소중하게 여기는 것은 '매일의 지속'이다. 닛폰햄 입단 당시 오타니의 머릿속에는 '1년 차에는 이런 것을, 2년 차에는 이런 것을 할 수 있도록, 3년 차에는 이렇게'라는 대강의 계획은 있었지만 그다지 구체적이지는 않았다고 한다.

대신 눈앞의 하루하루를 후회 없이 보내고, 한 시즌이 끝났을 때 그다음을 생각하는 방식으로 5년을 보냈다. 이런 태도는 빅리그로 이적한 후에도 변함없이 이어졌다.

오타니의 마음속에는 '하나씩 쌓아가는 것이 중요하다'는 생각이 깊이 자리 잡고 있다. 이런 생각이 바탕이 되어 있기에 2023시즌 중에 "건강하게 시즌을 마칠 수 있으면 좋겠어요. 건강하게 하루하루 매 경기를 치르는 것이 목표"라고 말했던 것이다. 동시에 이렇게 덧붙였다.

"완벽한 한 경기의 연장선상에 완벽한 한 시즌이 있습니다."

오타니에 따르면, 메이저리그에서 오래 활약하는 선수들은 타자든 투수든 포스트시즌 경기 등 반드시 이겨야 하는 경기를 구분하는 능력이 있고 그런 경기에 전력을 다해 자신이 가진 모든 것을 쏟아 붓는 것에 능숙하다고 한다. 반면 오타니 자신은 한 경기에서의 폭발력은 있지만 5년, 10년이라는 기간으로 봤을 때 아직은 강약 조절이 부족하다고 말한다.

즉, 1년 동안 좋은 성적을 유지하기 위해서는 눈앞의 경기에서 모든 것을 쏟아내면서도 한편으로는 1년이라는 기간을 고려하여 어떻게 힘을 뺄지도 생각해야 하는데 "페이스를 조절하는 요령이 아직은 부족한 것 같다"고 스스로를 분석하고 있다.

물론 정규시즌을 싸워 이기고 포스트시즌, 월드시리즈에서 우승을 계속해나가기 위해서는 페이스 조절도 필요하다. 하지만 가장 이상적인 것은 오타니의 말처럼 "완벽한 한 경기의 연장선상에 완벽한 한 시즌이 있다"는 것이다.

눈앞의 한 경기와 매일의 쌓아 올림을 소중히 여기면서 충실한 나날을 보내는 것. 그것이 더 높은 곳으로 올라가는 길이라는 것이 오타니의 철학이다.

─────────── **원 포인트** ───────────

**최선을 다한 하루하루가 모여
큰 목표에 다다를 수 있다.**

"나는 너무 높은 곳을 바라보는 경향이 있습니다."

오타니는 일본에서도 메이저리그에서도 이도류로서 수많은 기록을 세우고 있다. 신인왕과 MVP를 획득했으며, 일본에서는 투수 부문 3관왕을 차지하기도 했다. 하지만 이런 성과를 거두었음에도 그는 담담한 태도를 취하며, 승수나 홈런 기록 혹은 '일본인 메이저리거로서 최초'와 같은 타이틀에 연연해하지 않는 모습을 보이고 있다. 오타니의 성장에 따라 목표는 항상 바뀌고 있기 때문이다.

초등학교 2학년, 리틀리그에 들어갔을 때는 '경기에 나가고 싶다'가 목표였지만, 선발 라인업에 들 가능성이 생기자 '4번 타자로 나서고 싶다'로 바뀌었다. 이후 실제로 4번 타자가 되었을 때는 '에이스로서 던지고 싶다'로 다시 바뀌었고 프로야구 선수의 꿈을 품기 시작했을 무렵에는 '고3 때 전국 30위 이내(한 해 드래프트에서 지명되는 고교생이 30~40명 정도이므로)에 드는 선수가 되자'는 목표를 세웠다.

고등학교에 입학해 드래프트 지명 가능성이 현실화되기 시작하자 이번에는 '프로 1년 차에 몇 승을 하고 싶다'는 구체적인 목표를 세웠다. 오타니는 목표를 달성하고도 '목표를 달성했구나'라는 감회에 젖을 틈도 없이 '훨씬 더 먼 앞날의 목표'를 계속 추구해 나갔다. 이런 오타니의 태도를 잘 보여주는 에피소드가 하나 있다.

닛폰햄 입단 2년 차에 베이브 루스 이후 처음으로 '두 자릿수 승수, 두 자릿수 홈런'을 달성한 오타니에게 기록 달성의 소감을 묻자 그는 "기록은 별로 신경 쓰지 않습니다. 그보다는 실투가 더 신경 쓰이네요"라고 답했다. 이를 들은 오타니의 전속 홍보 담당자는 이런 코멘트를 했다. "후지산을 목표로 하는가, 에베레스트를 목표로 하는가의 차이 아닐까요?"

오타니 스스로 "나는 너무 높은 곳을 바라보는 경향이 있습니다"라고 말한 것처럼, 그의 강렬한 성장 욕구는 언제나 더 높은 곳을 목표로 하고 있다. 닛폰햄 파이터스의 스카우트 디렉터 오부치 다카시에 따르면, 고교 3학년 봄에 이미 '드래프트 1순위' 평가를 받았던 오타니의 매력은 신체 능력이나 체격보다도 '압도적인 성장 욕구'였다고 한다. 이후 메이저리그 도전 선언을 포함해 야구에 대한 오타니의 강렬한 성장 의지는 한순간도 흔들린 적이 없다. 세계 최고의 야구 선수를 목표로 하는 이상 대부분의 기록은 통과점에 불과하며 거기에 만족할 여유는 없다는 것이다.

───────── **원 포인트** ─────────

**압도적으로 성장하고 싶다면
'너무 높은 목표'를 계속 세워라.**

"현역 시절에 가능한 한
모든 야구 기술에 도전하고 싶어요.
제가 야구를 이만큼 잘하게
되었다는 것을
제 안에 남기고 싶은 거죠."

목표를 세우는 방식은 사람마다 다르지만, 중요한 것은 하나의 목표를 달성한 뒤 다음 목표를 어떻게 생각하느냐이다. 현재의 목표 달성에 만족하여 '다음에는 좀 더 느긋하게 해볼까'라고 생각하는 사람도 있고, 더 높은 곳을 향해 나아가는 사람도 있다.

쇼기(일본식 장기) 분야에서 주요 타이틀 8개를 독식하며 사상 최초로 '8관왕'을 달성한 후지이 소타(2002년생 프로 쇼기 기사로, 거의 모든 최연소 기록을 갱신. 오타니와 더불어 일본에서 국민적 인기를 끄는 선수)도 예전에는 '프로기사가 되고 싶다', '쇼기의 명인이 되고 싶다'는 목표를 말했었다. 그런데 프로가 되어 수많은 기록을 갱신하게 되면서부터는 '최강자가 되고 싶다'는 목표를 세웠다고 한다. 이 말은 단순히 타이틀을 몇 개 더 따거나 특정 상대를 이기고 싶다는 뜻이 아니다.

후지이에게 '최강'이란 '절대적인 경지'이며 목표는 '가능한 한 더 높이 올라가는 것'이다. 쇼기는 매우 심오해서 '여기가 정점'이라는 피니시 라인이 없기 때문에 끝없이 더 강해지기 위해 계속 노력하고 싶다는 것이 그의 생각이다. 오타니 또한 당연히 개인 타이틀이나 월드시리즈 우승을 목표로 하면서 후지이와 마찬가지로 '가능한 한 더 높이' 올라가는 것을 추구하고 있다.

컴퓨터 게임에서 캐릭터의 레벨이나 능력치가 최대치에 도달해 더 이상 상승하지 않는 상태를 '칸스토('카운터 스톱'의 줄임말)'라고 하는데, 오타니의 발언을 보면 야구 세계에서의 '칸스토'를 목표로 하고 있다는 생각이 든다.

"어렸을 때부터 시작해서 은퇴할 때까지 30년 넘게 야구를 한다고 해도 야구의 모든 기술을 완벽하게 익히는 것은 불가능하다고 생각해요. 그래서 그 한계에 얼마나 가까이 갈 수 있는지가 가장 흥미로운 점이고 현역 시절에 가능한 한 모든 야구 기술에 도전하고 싶어요. 제가 야구를 이만큼 잘하게 되었다는 것을 제 안에 남기고 싶은 거죠. 레벨 100의 모든 기술을 다 갖출 수 있는 건 야구의 신뿐일 테니까요."

그는 또 이렇게 덧붙였다. "프로야구 선수로서 계속 이기는 것도 중요하지만 자기 안에 무언가를 남기는 것이 그보다 더 중요한 것 같아요."

그 무언가가 무엇인지는 오타니 자신도 알 수 없다며 끝나봐야 알 수 있을 거라고 말하지만, 어쩌면 그것은 '야구의 경지'나 '궁극의 기술' 같은 것일지도 모른다. 오타니의 여정은 현재 진행형이다.

원 포인트

**성취 후에도 만족하지 않고
끝없는 성장 의지를 불태운다.**

" 03

끊임없이
성장을
추구하다

> "내가 가진 재능이 무엇일까
> 생각해보았을 때
> 그것은 성장 가능성이 아닐까
> 싶었습니다."

프로야구 스카우터들에 따르면, 선수의 타고난 소질은 어느 정도 파악할 수 있지만 '노력하는 재능'을 가늠하기는 쉽지 않다고 한다. 프로 스카우터가 주목할 만한 선수라면 야구 재능을 타고난 건 분명하지만 그것이 어디까지 뻗어나가고 얼마나 크게 꽃피울지는 결국 선수 개개인의 노력에 달려 있다는 것이다.

　오타니는 야구 역사상 가장 뛰어난 재능을 가진 야구 선수 중 한 명으로 인정받고 있다. 그의 재능과 소질은 일찍부터 많은 이들로부터 주목을 받았다. 하나마키히가시 고등학교의 사사키 히로시 감독도 야구부 담당 교사에게 "다르빗슈 유(당시 일본 프로야구 최고의 투수로 2004년 닛폰햄에 입단한 뒤 2012년 5,170만 달러라는 역대 최고 입찰액으로 텍사스 레인저스로 이적. 현재는 샌디에이고 파드리스 소속) 같은 투수가 이와테현에 있다"는 말을 듣고 '그런 선수가 있을 리가 없지' 하며 반신반의했다. 그러다 오타니의 중학생 시절 영상을 보고는 '엄청난 재목이구나' 하고 깜짝 놀랐다고 회상한다.

LA 다저스의 일본 담당 스카우터 코지마 케이이치 역시 일찍부터 오타니를 주목했다. 그는 오타니가 고교 졸업과 동시에 미국으로 건너가 3년 정도 마이너리그를 거치면 "사이 영 상(MLB에서 매년 각 리그의 최고 투수에게 주어지는 상으로, 미국 야구 명예의 전당에 헌당된 투수 '사이 영'을 기리기 위해 1956년에 제정)을 두세 번은 받을 수 있을 것"이라고 말할 정도로 오타니의 재능에 매료되었다. 오타니는 말 그대로 타고난 '재능 덩어리'라 할 수 있는 선수였다.

하지만 오타니는 자신의 재능을 "성장 가능성"이라고 정의했다. 닛폰햄 파이터스 초창기, 오타니는 상대를 압도하는 공을 던지다가도 갑자기 공이 흐트러지는 불안정한 모습을 보이곤 했는데 어느 시점을 기점으로 안정되었다.

2년 차에 10승째를 거둔 소프트뱅크와의 경기에서 오타니는 상대 선발투수 제이슨 스탠리지의 투구 폼을 보고 "저렇게 던지는 게 더 좋으려나?"라며 따라 해 보았다. 보통은 있을 수 없는 일이지만 오타니는 '이렇게 하면 어떨까'라고 생각되면 바로 도전하고 과감하게 바꾸는 것을 두려워하지 않는다. 투구도, 타격도, 바꾸는 것을 두려워하지 않고 계속 시도해보는 그 관찰력과 호기심이 오타니를 더욱 성장하게 한 원동력이었다.

오타니에게는 압도적인 소질과 재능에 더해 관찰과 연습을 통해 끝없이 성장할 수 있는 '성장 가능성'이 있었다. 오타니가 과거의 일본인 메이저리거들보다 어린 나이에 메이저리그에 도전한 이유도 바로 여기에 있다. '성장 가능성을 지닌 채 미국에 가서 그 안에서 정점을 맞이하고 싶다'는 목표가 명확했던 것이다. 물론 일본에서도 이룰 수 있는 기록이 아직 많이 남아 있었지만 그렇다고 해서 그것이 미국에서 할 수 없는 것은 아니었다. 자신의 재능은 성장 가능성 밖에 없다고 생각하는 오타니에게 일본에서는 경험할 수 없는 성장과 도약을 이끌어내줄 곳, 그곳이 바로 미국이었던 것이다.

원 포인트

**타고난 재능과 소질을 넘어
자신의 성장 가능성을 키우기 위한 노력을 계속하자.**

"어릴 때부터
특출난 성적을 거뒀던 것도 아니고
처음부터 이런 기술이나
신체를 가졌던 것도 아닙니다."

사람들은 성공한 사람을 볼 때 그 결과만 보는 경우가 많다. 스포츠나 음악계에서는 뛰어난 성과를 거둬 하룻밤 사이에 '미디어의 아이콘'이 되는 사람들이 있다. 많은 사람에게 알려지고 유명해지는 일은 분명 한순간에 일어날 수도 있겠지만 실제로 대부분은 수많은 실패와 좌절을 겪으며 많은 노력을 기울인 끝에 그 자리에 도달한 것이다. 그럼에도 불구하고 대중은 그 과정은 보려고 하지 않고 갑자기 나타난 '슈퍼스타'를 찬양하고 열광하기만 한다.

오타니는 고교 시절부터 160km의 강속구를 던지는 고교생으로 알려져 있었지만 일본 전체가 그의 압도적인 위력을 실감한 것은 역시 2023년 제5회 WBC에서였다. 물론 닛폰햄 시절에도 이도류로 팀의 재팬시리즈 우승에 기여했고 에인절스로 이적한 후에도 수많은 기록을 세웠지만 '국민적 스타'라고 불릴 만큼의 존재가 된 것은 이때부터다.

그리고 지금은 많은 사람이 오타니를 보며 세계 최고의 야구 선수라고 칭송한다. 물론 지금의 오타니는 그런 찬사에 걸맞은 존재이지만 사실 프로가 되기 전의 경력은 그리 화려하지 않았다.

리틀리그 시절부터 그의 존재는 알려져 있었지만 일본 최고가 된 적도 없고 세계대회에 출전한 적도 없었다. 고등학교 때 고시엔에 두 번 출전했지만 모두 첫 경기에서 탈락했다.

고교 3학년 여름에는 U-18 야구 월드컵 대표로 선발되었지만 거기서도 6위에 그쳤다. 그 시절의 성적만 놓고 보면 한신 타이거스를 거쳐 메이저리그에 도전한 투수 후지나미 신타로(2012년 춘계, 하계 고시엔 대회에서 연속 우승을 거머쥐었으며, 당시 춘계 대회에서 오타니의 팀을 1회전에 탈락시킴)가 훨씬 화려하다. 마쓰자카 다이스케나 다나카 마사히로(2004, 2005년 하계 고시엔에서 우승했으며 2006년에는 결승에서 15회 연장 무승부, 재경기 끝에 준우승을 차지)처럼 고시엔에서 맹활약한 것도 아니고, 아라키 다이스케(초등 6학년 시절 세계대회에서 노히트 노런을 기록)처럼 리틀야구 세계대회 우승을 경험한 것도 아니다. 키는 확실히 컸지만 고등학교 입학 당시 체중은 60kg대에 불과했다.

그렇다면 오타니는 어떻게 '지금의 오타니'가 될 수 있었을까? 그에 따르면 가장 중요한 것은 앞으로의 '성장 가능성'이며 이는 훈련과 식습관 등에 따라 그 결과가 크게 달라진다고 한다. 사람들은 성공한 사람을 볼 때 갖추어진 현재의 모습만을 보는 경향이 있지만 정말 주목해야 할 것은 놀라운 성공을 이끌어낸 '과정'이다. 재능은 '삶의 방식'으로 결정된다.

─────────── 원 포인트 ───────────

가진 재능을 키울 것이냐 꺾을 것이냐는
'삶의 방식'에 달려 있다.

> ## "야구를 시작했을 때부터
> ## 정말 야구를 좋아했고
> ## 그 마음은 지금까지 변함없이
> ## 이어져 오고 있습니다."

쇼기계에서 최초로 8관왕을 달성한 후지이 소타가 쇼기를 처음 접한 것은 다섯 살 때였다. 아이치현 세토시에서 소타의 가족 가까이에 살고 있던 할머니 시미즈 이쿠코에게는 6명의 손자가 있었는데 명절에 친척들이 모이면 손주들과 함께 보드게임을 즐기는 것이 시미즈 씨의 낙이었다. 그때 하던 보드게임 중에는 놀이를 통해 쇼기 규칙을 익히는 '스터디 쇼기'가 있었는데, 후지이가 특히 이 게임에 큰 관심을 보였다고 한다.

자주 할머니를 찾아가 게임을 즐기던 후지이는 곧 할머니를 이기게 되었고 어느 정도 쇼기 경력이 있는 할아버지와 대국하기 시작하면서부터는 가족들의 지원으로 근처 쇼기 교실에 다니게 된다. "제가 쇼기를 너무 좋아하는 것을 가족들이 인정해주고 응원해주었어요"라며 후지이는 훗날 가족에게 감사를 표했다.

오타니는 아버지가 사회인 야구 선수였고 어머니가 배드민턴 선수였기 때문에 어릴 때부터 스포츠와 친숙했다. 어머니와 함께 배드민턴을 치거나 수영 교실에 다니기도 했다. 축구와 농구도 곧잘 했지만 무엇보다 좋아한 것은 야구였다. 그는 이렇게 회상한다.

"야구를 시작했을 때부터 정말 야구를 좋아했고 그 마음은 지금까지 변함없이 이어져 오고 있습니다. 야구가 너무 재미있었기 때문에 지금까지 계속하고 있는 것 같아요."

또한 엄격한 지도와 철저한 훈련 속에서 '고교 야구 같은 유소년 야구'를 하는 관동이나 관서의 대도시 팀이 아닌 이와테라는 더 자유로운 지역적 환경에서 야구를 접할 수 있었던 점이 좋았다고 한다. 대도시 팀들은 일찍부터 세계대회 등에 출전할 정도로 확실히 강한 실력을 자랑하지만 오타니는 이렇게 말했다. "어린 시절에 즐겁고 느긋하게 야구를 할 수 있었던 것이 개인적으로는 더 좋았다고 생각해요. 왜냐하면 재미있게 야구를 할 수 있었기 때문에 한 번도 싫증 난 적이 없었으니까요."

그러면서 그는 전국적으로 살펴보면 자신보다 훨씬 뛰어난 선수들이 있을 거라 생각하면서 '더 잘하고 싶다', '아직도 해야 할 게 많다'는 마음으로 열정을 키웠다. 프로야구 선수 중에는 고등학교 시절로는 두 번 다시 돌아가고 싶지 않다는 사람도 많지만 오타니에게 야구는 언제나 즐겁고 자신을 성장시켜주는 존재였다.

오타니와 후지이 모두 어릴 때 '너무 좋아서 어쩔 줄 모를 정도의 존재'를 만났고, 가족과 주변의 응원이 있었기에 결코 싫증 내지 않고 크게 성장할 수 있었다.

──────── 원 포인트 ────────

'너무 좋아서 어쩔 줄 모를 정도의 존재'를 만난다면
미친 듯이 몰두해보자.

"한 번 해냈다고 해서
올해도 할 수 있다는 보장은 없으니까요.
제가 더 성장해야
간신히 비슷한 수준의 성적을
낼 수 있다고 생각합니다."

비즈니스 세계에는 '현상 유지는 곧 후퇴와 같다'는 말이 있다. 매출과 이익이 순조로우면 '지금 정도로도 괜찮아'라는 안일한 생각에 빠지기 쉽다. 하지만 세상은 빠르게 변하고 경쟁사는 더 나은 제품을 개발하며 다양한 노력을 기울인다. 자칫 자신들은 현상을 유지하고 있다고 생각하지만 실제로는 점점 더 격차가 벌어져 뒤처지는 상황을 초래할 수도 있다.

경쟁이 치열한 프로야구 세계에서도 마찬가지다. 명선수이자 명감독이었던 노무라 카츠야는 프로 입문 4년 차에 퍼시픽리그 홈런왕에 오르며 '이제 프로에서 통할 수 있겠다'는 자신감을 얻었다. 하지만 5년, 6년 차에 접어들면서 갈수록 성적이 떨어졌고 필사적으로 연습에 매진해도 성적이 나아지지 않았다. 그때 한 선배가 이렇게 조언해 주었다. "때린 사람은 잊어도 맞은 사람은 그 아픔을 잊지 않는다."

노무라에게 홈런을 맞은 투수는 철저하게 그를 연구해서 대책을 마련한다. 노무라에게는 그 이상의 연구와 대책, 그리고 노력이 필요했던 것이다. 이를 해낸 노무라는 결국 타격 3관왕을 차지하게 된다. (1965년의 기록으로, 포수의 타격 3관왕은 그 사례가 매우 희귀함)

오타니는 2021년에 MVP를 차지할 정도로 대단한 활약을 펼쳤고, 이듬해에도 비슷한 성적을 기록했다. 그리고 2023년에는 홈런왕을 차지하며 다시 한번 MVP에 등극했다. 3년 연속 맹활약을 펼쳤지만 그런 오타니를 두고 전 메이저리거들이 "곧 주춤할 것"이라고 말했을 만큼 메이저리그의 경쟁은 치열하다. 오타니가 활약하면 할수록 오타니를 공략하기 위한 연구도 더 많이 진행되기 때문에 MVP급 활약을 2년, 3년 연속으로 이어간다는 것은 그 자체로 경탄할 만한 일이다. 그 치열함을 알기에 오타니는 이렇게 말한다.

"한 번 해냈다고 해서 올해도 할 수 있다는 보장은 없으니까요. 메이저리그 투수들의 공은 점점 강해지기 때문에 제가 더 성장하지 않으면 안 되겠죠. 더 성장해야 간신히 비슷한 수준의 성적을 낼 수 있을 거라고 생각해요." (이후 2024시즌에서도 크게 활약하여 '50-50 달성, 월드시리즈 우승, 세 번째 MVP 수상'이라는 쾌거를 거둠. 세 번의 MVP 모두 만장일치로 선정되었는데, 이는 모든 스포츠를 통틀어 사상 최초임)

작년에 아무리 좋은 성적을 냈다고 해도 '올해도 작년처럼 하면 같은 성적을 낼 수 있겠지'라는 안일한 생각으로 임하면 성적은 순식간에 떨어진다. 힘들지만 항상 연구와 연습을 게을리하지 않고 자신을 계속 업데이트해야 한다는 것이 오타니의 생각이다. 끊임없이 발전해야만 그나마 현상 유지를 할 수 있다는 각오가 필요하다.

--- **원 포인트** ---

현상 유지는 곧 후퇴다.
끊임없이 자신을 갈고닦아 계속 향상시켜야 한다.

"쉬는 동안에도
'이런 식으로 한번 해 볼까?' 하고
아이디어가 번뜩이는 순간이 있습니다.
그럼 저는 바로 웨이트룸이나
실내 연습장에 가서
그 아이디어를 시도해보는 경우가 많아요."

과학계에서도 어느 날 갑자기, 그것도 다른 일을 하고 있을 때 번뜩이는 아이디어가 떠오르는 경우가 많다고 한다. 그래서 일부 과학자들은 화장실이나 침대 옆 등에 필기구나 종이를 두고 아이디어가 떠오르면 잊어버리기 전에 곧바로 메모를 하곤 한다.

구글의 창업자 래리 페이지가 검색 엔진 '구글'의 아이디어를 얻은 것도 자고 있을 때였다. "어느 날 밤, 갑자기 꿈에서 깨어났어요. 바로 펜을 들고 아이디어를 적어 내려갔죠." 매일매일 고민하던 중 갑자기 꿈속에서 떠오른 아이디어를 적어 내려가 즉시 실행에 옮긴 결과, 세계 최고의 검색 엔진이 탄생했고, 그는 큰 성공을 거두게 되었다.

오타니에 따르면 이러한 번뜩임(그는 이를 '실력이 느는 순간'이라 부른다)은 연습 중이나 방에서 쉬고 있을 때 찾아오기도 하는데, 이때 그는 메모를 하기보다는 '즉시 시도해'봤다고 한다.

어릴 때 오타니는 유튜브를 즐겨 보았다. 뛰어난 타자의 타이밍 잡는 법, 훌륭한 투수의 투구 폼을 보면서 '이건 아닌가, 저것도 아닌데' 하며 고민하다가 순간 번뜩임이 찾아오면 방의 덧문을 열고 창문에 비친 자신의 모습을 보면서 폼을 체크했다.

이런 습관은 닛폰햄 입단 후에도 계속되었는데, 연습 중에 떠오른 아이디어는 바로 시도해볼 수 있었지만 방에서 쉬고 있을 때는 그렇게 하기가 어려웠다. 보통 사람이라면 '너무 늦었으니 내일 하자'라고 미루거나 겨우 메모 정도만 해두는 게 일반적이다. 하지만 오타니는 번뜩임이 오거나 '해 보고 싶다'는 생각이 들면 바로 기숙사에 딸린 실내 연습장에 가서 시도해보았다고 한다.

방에서 쉬다가 굳이 연습장까지 가는 것은 귀찮기 그지없는 일이지만 오타니는 달랐다. 시도해보는 데는 5분, 10분이면 충분하다는 것이다. 시도해보고 잘되면 그 번뜩임이 옳았다는 것을 실감할 수 있고, 그렇지 않다면 다음 기회를 기다리면 된다는 태도이다.

반면 '내일 하지 뭐' 하고 미루면 막상 아침이 되었을 때 모처럼 찾아온 번뜩임을 잊어버릴지도 모른다. 떠오른 영감을 시도해볼 기회를 내일로 미루느냐, 즉시 해 보느냐는 결국 큰 차이를 만들어낸다.

원 포인트

아이디어가 떠오르면 미루지 말고
즉시 시도해보자.

"의도한 대로 던지지 못한 공으로
타자를 막아낸 것을 괜찮다고 여긴다면
성장할 기회를 놓치는 건데
그럼 너무 아깝지 않나요?"

복싱계에는 '럭키 펀치'라는 말이 있다. 실력이 부족한 선수가 뻗은 펀치가 우연히 타이밍 좋게 상대를 맞춰 KO시키는 경우를 뜻하는데, 이 말은 여기서 더 나아가 실력은 없지만 우연이나 운으로 성공을 거두는 것을 의미하는 표현으로도 쓰인다. 승부의 세계에서는 때때로 이처럼 우연이 승리를 가져다주기도 한다.

'이겼다'는 것은 분명한 사실이지만 중요한 것은 그 '우연'을 어떻게 해석하느냐이다. 30세의 젊은 나이에 골프 명예의 전당에 입성한 여자 프로골퍼 낸시 로페즈는 "우연한 성공은 잊어버리세요. 그렇지 않으면 운에만 의존하는 불안정한 골퍼로 전락할 수 있습니다"라고 말했다. 승리는 멋진 것이지만, 그 모든 것을 자신의 실력으로 착각하면 큰 실수를 범하게 된다는 의미이다. 비즈니스 세계에서도 우연한 성공을 실력으로 착각하면 그 후의 결과는 운에 좌우되고 결국에는 운마저 따르지 않게 된다.

오타니는 "맞았다면 그건 베스트 피치가 아니다"라고 단언할 정도로 자신의 투구에 대한 기준이 엄격하다. 즉, 자신이 베스트 피칭을 하면 절대로 맞지 않는다는 자신감이 있기에 만약 안타를 허용했다면 그건 베스트 피치가 아니라 어딘가 문제가 있다고 생각하는 것이다.

그런 오타니가 보기에 럭키 펀치는 기뻐할 일이 아닌 반성할 과제이다. 때로는 의도한 대로 던지지 못한 공으로 상대를 제압할 때도 있겠지만, 그것은 단순한 우연일 뿐이다. 막아내서 다행이라며 기뻐할 일이 아니라 '왜 생각한 대로 던지지 못했을까' 하고 반성해야 할 일인 것이다.

계속 이기는 사람, 계속 성장하는 사람의 특징은 지거나 실패했을 때뿐만 아니라 이기고 성공했을 때에도 반성한다는 점이다. 이러한 반성과 개선을 쌓아가면 우연한 행운을 필연적인 성공으로 바꿀 수 있고 투구 정확도는 더더욱 높아진다. 오타니는 럭키 펀치조차도 성장의 기회로 바꿔 나가는 선수이다.

원 포인트

**우연한 성과에 자만하지 말고
우연한 성공을 필연적인 성공으로 바꿔 나가자.**

"저는 지금까지 결과를 내기 위해 모든 것을 다했다고 말할 수 있는 하루하루를 그 누구보다도 소중하게 보내왔다고 자신하고 있습니다."

심리학자 알프레드 아들러는 "게으름에는 무의식적인 밀당이 숨겨져 있다"고 말했다. 그에 따르면 게으른 아이들은 줄타기 곡예사와 비슷하다고 한다. 줄 아래에 안전망이 쳐져 있어 설령 떨어지더라도 그다지 충격을 받지 않는다는 것이다.

노력했는데도 성과가 나오지 않을 때 보통은 본인의 노력이나 능력이 부족했다고 생각한다. 하지만 게으른 사람은 '더 열심히 했으면 성과가 나왔을 텐데'라며 탈출구를 만들어낸다. '최선을 다했지만 실패했다'는 것을 인정하면 자신의 한계와 능력 부족에 마주하게 되는 반면 '노력을 반만 했더니 결과가 좋지 않았다'고 하면 '열심히 하면 더 잘할 수 있다'고 변명할 수 있어 자신의 능력 부족을 인정하지 않아도 되기 때문이다.

최선을 다하지 않는 것, 그것은 처음부터 실패에 대한 변명을 준비하는 것이며 자신의 약점을 감추는 방편이기도 하다. 당장은 마음이 편할 수 있지만 이런 사람은 결코 압도적인 성과를 얻을 수 없다.

오 사다하루(외다리 타법으로 유명한 일본의 홈런타자로, 프로야구 통산 868홈런이라는 세계 기록을 보유. 한국에서는 '왕정치'라는 이름으로 더 유명함)는 "노력은 반드시 보상을 받는다. 만약 보상받지 못하는 노력이 있다면 그것은 아직 노력이라 부를 수 없다"고 말했다. 성공하기 위해서 노력이 필수적이지만 대부분은 적당한 노력을 기울인 뒤 '이 정도면 충분히 했다'고 스스로 설득하는 경우가 많다. 하지만 그것만으로는 부족하다. '성과가 나올 때까지' 모든 것을 쏟아 부어야만 진정한 노력이라고 할 수 있다.

오타니에게 이도류 도전을 제안하고 끝까지 지지해준 쿠리야마 히데키 감독이 '오타니라면 할 수 있다'고 신뢰한 이유 중 하나는 그가 어린 시절부터 실천해 온 '한번 마음먹은 것은 끝까지 해내는 강인함과 인내심'이었다고 한다. 오타니는 고교 시절에도, 프로에 들어와서도 "이렇게 하겠다"고 결심하면 가능해질 때까지 해서 "반드시 해낸다"고 말한다.

오타니는 단언한다. "저는 지금까지 결과를 내기 위해 모든 것을 다했다고 말할 수 있는 하루하루를 그 누구보다도 소중하게 보내왔다고 자신하고 있습니다."

'한다'는 말은 쉽지만 끝까지 '해낼' 수 있는 사람은 적다. 더구나 오타니처럼 몇 년에 걸쳐 '계속 해나간다'는 사람은 더더욱 드물다. 오타니의 '끝까지 해내는' 힘, 그것이 바로 메이저리그에서의 성공을 가능케 한 원동력이다.

───────────── 원 포인트 ─────────────

정말 성공하고 싶다면
어떤 변명도 불가능할 정도로 계속 노력해야 한다.

"그저 시키는 대로 하는 게 아니라, 그 트레이닝이 어떤 성과로 이어지는지 제대로 이해하고 하는 것과 그렇지 않은 것은 결과가 크게 달라집니다."

'무엇을 위해 일을 하는가'에 따라 일하는 사람의 마음가짐과 접근 방식이 크게 달라진다는 것을 보여주는 유명한 이야기가 있다. 피터 드러커가 자신의 저서 『경영의 실제』에서 소개해 널리 알려진 '세 명의 석공 이야기'이다.

한 여행자가 어느 마을을 방문했는데 세 명의 석공이 작업을 하고 있었다. 여행자가 "무엇을 하고 있습니까?"라고 묻자 첫 번째 남자는 "돈을 벌기 위해 이렇게 힘든 일을 하고 있지요"라고 답했다. 두 번째 남자는 "전국 최고의 석공이 되기 위해 노력하고 있소"라고 답했다. 세 번째 남자는 "저는 모두에게 마음의 안식처가 될 교회를 짓고 있습니다"라고 답했다.

'무엇을 위해 일을 하는가'에 대한 생각은 사람마다 다르고 지향하는 바도 다르다. 하지만 돈 때문에 마지못해 하는 것보다는 명확한 목표와 의미를 가지고 매진하는 것이 더 나은 결과를 낳을 뿐 아니라 인격적인 성장도 기대할 수 있다.

'일에는 납득이 필요하다'는 말은 비즈니스 세계에서 자주 언급된다. 상사가 지시했다는 이유만으로 납득하지 못한 채 일을 하면 좋은 결과를 얻지 못하는 경우가 많다. 게다가 실패했을 때 '상사가 시키는 대로 한 것뿐'이라고 책임을 회피한다면 결코 성장할 수 없고 성과도 오르지 않는다.

성과와 성장을 이루려면 '납득'은 필수적이다. 그런데 스포츠의 세계에서는 '왜 해야 하는지' 모르는 채 그저 '시키는 대로' 연습과 훈련을 하는 경우가 많다. 어쩌다 '이건 무엇을 위해 하는 건가요?'라고 묻기라도 하면 '닥치고 그냥 해'라고 억박지르기 일쑤고 결국 시키는 대로 따라가기는 하지만 마음 한구석엔 뭔가 찜찜함이 남게 된다.

오타니는 스스로 '이걸 하고 싶다'고 마음먹은 일에 대해서는 누구보다도 열심히 할 자신이 있기 때문에 '그것은 무엇을 위해 하는 것인가', '그것을 함으로써 어떤 성과를 기대할 수 있는가'를 무엇보다 중요하게 생각한다.

"그저 시키는 대로 하는 게 아니라, 그 트레이닝이 어떤 성과로 이어지는지 제대로 이해하고 하는 것과 그렇지 않은 것은 결과가 크게 달라집니다. 저는 그런 점을 제대로 이해하고 해왔다는 자신이 있습니다."

트레이닝뿐만 아니라 어떤 일을 할 때는 '납득'과 '이해'를 중요시하고 '목적'도 명확히 해야 한다. 그래야 더 열심히 할 수 있고 자신의 성장으로 이어질 가능성이 더 높아진다.

──────────── 원 포인트 ────────────

**'무엇을 위해', '누구를 위해' 하는지를
이해하고 일에 임하자.**

> # "제가 아무리 잘해도 팀이 지면
> # 아직 부족한 거죠.
> # 할 일이 너무 많아서
> # 한가할 틈이 없습니다."

"등에 적힌 이름(선수명)이 아니라 가슴에 적힌 이름(팀명)을 위해 뛰어라." 20년간 LA 다저스를 이끌며 지구 우승 8회, 리그 우승 4회, 두 번의 월드시리즈 우승을 달성한 명감독 토미 라소다의 말이다. 일본인에게는 노모 히데오가 메이저리그에 도전할 때 따뜻하게 지켜봐주고 응원해준 감독으로 잘 알려져 있는 라소다는 "내 몸에는 다저스의 푸른 피가 흐르고 있다"고 말할 정도로 팀에 애정이 깊었고 무엇보다도 '팀을 위해'라는 가치를 매우 중요시하는 감독이었다.

　야구 선수에게 팀의 승패는 물론 중요하지만 개인 성적도 매우 신경 쓰이는 부분이다. 그래서 비록 팀이 졌더라도 자신이 홈런을 치거나 안타를 많이 치면 선수로서 만족감을 느끼기도 한다. 혹은 자신의 성적은 좋지 않았더라도 팀이 승리하면 거기서 만족감을 찾기도 한다. 그런데 이 둘의 균형을 맞추는 것이 쉽지 않아서 아무리 개인 성적이 좋아도 팀이 계속 지면 '혼자만 잘하면 끝이냐'는 식으로 비난받을 수도 있다.

오타니의 경우, 닛폰햄 파이터스 시절에는 팀을 재팬시리즈 우승으로 이끌며 본인도 MVP를 수상했지만, LA 에인절스로 이적 후에는 이도류로 두 번이나 MVP를 수상할 만큼 활약하면서도 팀은 기대만큼 이기지 못하는 아쉬움과 괴로움을 많이 겪었다.

2015년 WBSC 준결승전(한국과의 경기)에 선발 등판한 오타니는 7회까지 1피안타에 11탈삼진으로 무실점 호투를 펼쳤다. 하지만 아쉽게도 일본 대표팀은 한국에 역전패를 당하고 말았는데 당시 21세였던 오타니는 이런 코멘트를 남겼다.

"제가 아무리 잘해도 팀이 지면 아직 부족한 거죠. 할 일이 너무 많아서 한가할 틈이 없습니다."(준결승전 탈락으로 짐 싸서 가는 것만 남은 상황이어서 할 일이 많다고 말한 것)

오타니는 고시엔을 비롯해 중요한 경기에서 이기지 못한 경험이 있기 때문에 승리에 대한 집념이 매우 강하다. 할 수만 있다면 자신이 치고 던져서 무엇보다도 팀을 승리로 이끌고 싶어하는 선수이다. 그런 의미에서 오타니가 이적한 명문의 다저스는 팀 승리와 개인 성적의 양립을 기대할 수 있는 팀이다. 오타니에게 기대하는 것은 팀을 월드시리즈 우승으로 이끌며 동시에 핵심 전력으로 활약하는 것인데, 이는 쉽지는 않겠지만(저자의 예상과 달리 이적 후 첫 시즌에 월드시리즈 우승) 오타니 자신이 오래전부터 꿈꾸어 왔던 목표이기도 하다.

원 포인트

개인 성적을 올리는 것은 물론
'팀 성적'도 중시해야 한다.

"죽어라 두세 시간 운동한 것이
그 술 한두 잔으로 망가진다면
마실 수가 없는 거죠."

J리그 출범 당시의 인기 축구 선수나 그 무렵의 프로야구 선수들은 화려하게 술을 마시며 호화롭게 돈을 쓰고 다녔다. 그런 모습이 멋있다고 여겨지고 아이들의 동경을 불러일으킨다고 생각했던 시대였다. 그러나 지금은 그런 선수들이 드물다. 한때 화려하게 놀고 다니던 30대 야구 선수가 "20대 때 좀 절제했더라면" 하고 후회하는 걸 들은 적이 있는데, 요즘 선수들은 술자리나 유흥보다는 자기 개인의 시간이나 훈련 시간을 더 소중히 여기는 것 같다.

2023 MLB 올스타전에서 가장 주목받은 선수는 단연 오타니였다. 취재를 희망하는 회사와 기자가 너무 많아 인원을 제한해야 할 정도로 그의 인기는 독보적이었다. 평소에는 야구와 관련된 질문이 대부분이지만, 올스타전을 앞두고 열린 기자회견에서 '외식'에 대한 질문을 받은 오타니는 "시즌 중에는 외식한 기억이 없네요. 다음 날도 경기가 있으니 늦게 돌아올 수가 없어서요"라고 답했다.

실제로 오프시즌에 열린 WBC에서 오타니가 팀 동료들과 함께 식사하는 모습이 '보기 드문' 광경으로 여겨질 만큼 오타니는 외식을 거의 하지 않고, 술을 마시러 가는 일은 더더욱 없었다.

술을 전혀 못 마시는 것은 아니고, 닛폰햄 시절 "선배들과 식사하러 가면 한 잔 정도는 마십니다"라고 말했듯 남들 정도로 마실 수는 있지만 마시고 싶다는 생각이 들지 않는다고 한다. "시간도 없고 트레이닝도 꽤 많이 하니까요. 죽어라 두세 시간 운동한 것이 그 술 한두 잔으로 망가진다면 마실 수가 없는 거죠."

과거 연예계에서는 화려한 유흥을 '예능의 밑거름'이라고 여기는 경향이 있었고, 프로야구계에서도 경기가 끝나면 선수들이 곧바로 술을 마시러 나가고 숙소의 통금시간 위반을 무용담처럼 이야기하는 사람이 적지 않았다. 하지만 오타니에게 가장 중요한 것은 '야구를 잘하는 것'이므로 그는 이를 위해 해야 할 일만 한다. 세간에서 '스토익(stoic, 금욕주의적)'하다고 불리는 오타니에게, 중요한 목표를 앞에 두고서의 술과 외식은 아무런 의미가 없는 것이다.

원 포인트

**한정된 시간 속에서
무엇을 우선순위에 두어야 할지 생각하자.**

"가능한 한 오래 잘 겁니다.
할 수 있는 건 그것뿐이니까요."

오타니에게 2024시즌은 파란만장하게 시작되었다. 다저스에서 새로운 도전을 시작했으나 개막 직후 예상치 못한 사건이 터진 것이다. 개막 2차전을 앞두고 오타니와 오래 함께한 통역사 미즈하라 잇페이가 불법 도박과 횡령 및 탈세를 저질렀다는 사실이 밝혀졌는데, 오타니도 연루된 것이 아닌가 하는 의혹을 받으며 야구에 집중하기 어려운 상황이 되었다.

이로 인해 그는 시즌 초반 40타석 동안 홈런을 기록하지 못하며 주위의 우려를 샀다. 이후 인터뷰에서 오타니는 "충분한 수면 시간을 갖지 못했다"며 수면 부족이 문제였다고 밝혔다. 모든 운동선수에게 수면은 매우 중요한데, 특히 장시간 양질의 수면을 중요시하는 오타니에게 '잠을 못 자는 것'은 매우 괴로운 일이었을 것이다.

어린 시절부터 오타니는 언제 어디서든 잠을 잘 잤다고 한다. 연습하러 가는 차 안에서도 아버지가 운전하는 옆자리에서 내내 자고 있었다고 하며, 중학교 시절에도 야구 연습이 없는 날은 밤 9시면 잠

자리에 들어 한 번도 깨지 않고 푹 잤다고 한다.

아버지인 오타니 토오루가 감독을 맡고 있던 미즈사와 리틀리그 시절, 매년 팀 전체가 후쿠시마에서 합숙을 했는데, 그곳에서도 들뜬 다른 아이들이 늦게까지 시끄럽게 떠들며 노는 것에 아랑곳하지 않고 밤 9시에 잠자는 습관을 지켰다고 하니 대단한 절제력이 아닐 수 없다.

장시간 수면 습관은 이후에도 계속되어 프로에 와서도 변함없 었다. 닛폰햄 시절에는 선배들이 오타니를 데리고 나갈 때 감독의 허락이 필요했을 정도로 쿠리야마 감독은 오타니의 컨디션 관리에 각별히 신경을 썼는데, 오타니 스스로도 경기 후에는 거의 외출을 하지 않고 대부분의 시간을 트레이닝과 수면에 할애했다.

빅리그로 이적한 이후에도 습관은 변하지 않았다. 2021년 올스타 전은 오타니가 던지고 치며 계속 그라운드에 등장해야 하는 힘든 경기 가 예정되어 있었다. (투수로서 그리고 야수로서 각각 MLB 올스타에 선정. 이 기록은 오타니가 유일함) 더군다나 그 전날 열린 홈런 더비는 그에게 상당한 체력 소모를 안겨주었다. 경기 후 "재미있었지만 완전히 지쳤다"고 말할 정 도로 가혹한 일정이었다. 다음 날 경기 등판이 예정된 오타니에게 기 자들이 "어떻게 에너지를 회복할 계획입니까?"라고 묻자 "가능한 한 오래 잘 겁니다. 할 수 있는 건 그것뿐이니까요"라는 대답이 돌아왔다.

경기는 물론 연습을 포함한 오타니의 빡빡한 나날을 지탱하는 것 중 하나는 "낮잠도 좋고, 트레이닝 후에도 자는 게 좋다"고 말하 는 오타니의 '수면욕'이라 해도 과언이 아니다.

──────────── 원 포인트 ────────────

항상 컨디션을 최고로 유지하기 위해
자신만의 좋은 습관을 계속 지켜나가자.

"시간을 많이
들이면 들일수록
야구를 더
잘할 수 있게 되는 거죠."

'1만 시간의 법칙'이라는 것이 있다. 어떤 분야든 1만 시간을 연습에 투자하면 일정 수준 이상의 경지에 도달할 수 있다는 개념이다. 최상급의 프로가 될 수 있을지와는 별개로 실력을 향상시키기 위해서는 그만큼의 시간이 필요하고 동시에 그 정도의 노력을 기울이면 상당한 기량을 갖출 수 있다는 의미이다.

2023년 메이저리그 드래프트에서 전체 1순위로 지명된 투수 폴 스케네스는 2024시즌에 그 평가에 걸맞은 강력한 피칭을 보여주었는데(24시즌 기록이 11승 3패, 평균자책점 1.96, 내셔널리그 신인왕 수상), 학생 야구 시절에는 포수와 투수를 겸업했던 것으로도 유명하다. 그는 고교 시절, 오타니가 에인절스 스타디움 첫 등판 경기인 오클랜드 애슬레틱스전에서 7이닝 1피안타 무실점으로 호투하는 모습을 보고 "가능한 한 오래 이도류를 하겠다"고 결심한다. 그러나 메이저리그 진출을 앞두고 최종적으로 투수 전업을 결정하게 되었다. 투수로서의 재능이 압도적이기도 하고, 메이저리그에서 양쪽 모두를 최고 수준으로 유지하려면 엄청난 연습량이 필요하기 때문에 스케네스는 투수에 전념하기로 결정한 것이다. 그런 만큼 그는 오타니가 투타 모두에서 최고의 기량을 유지하고 있는 것에 대해 존경심을 가지고 있는 듯하다. 첫 맞대결에서 오타니는 스케네스에게 홈런을 쳐내며 베테랑의 클래스를 보여주기도 했다.

오타니는 닛폰햄 시절부터 크리스마스에도 연습을 할 정도로 훈련에 열심인 선수로 알려져 있다. 경기가 없을 때 대부분의 시간을 야구 연습과 수면을 포함한 휴식에 할애하고 있는 셈이다. 그야말로 야구에 푹 빠져 사는 나날을 보내고 있지만 그럼에도 그는 시간이 부족하다고 느끼는 듯하다. 2017년, 한 인터뷰에서 "크리스마스 선물로 무엇을 원합니까?"라는 질문에 오타니는 "한 달 정도 시간이 더 있었으면 좋겠다"고 대답했다.

이 질문을 바탕으로 2023년에 "지금은 시간이 충분합니까?"라고 물었는데, 돌아온 답변은 "단기적으로 본다면 시간이 어느 정도는 있다"고 하면서도 "내가 더 잘할 수 있기 위해서 개막까지 나에게만 1년 더 시간이 있었으면 좋겠다"는 것이었다.

시간이 더 있었으면 좋겠다고 바라는 사람은 많다. 대부분은 일이 너무 바빠서 쉴 시간이 없다거나 여유롭게 놀 시간이 없다는 이유에서 시간을 더 갖고 싶다고 말하지만, 오타니는 거의 모든 가용 시간을 야구에 쓰고 있으면서도 여전히 야구를 위한 시간을 더 갖고 싶다고 말한다. 그야말로 '야구 외길'이다.

───────────── **원 포인트** ─────────────

**한정된 자원인 시간을 어떻게 써야 할지
잘 아는 사람만이 성과를 낼 수 있다.**

"아직 하지 못하는 것들이 있어서, 그것을 하나씩 해나갈수록 그다음의 부족한 기술만 눈에 들어옵니다."

'모든 것을 다 알고 있다고 생각한다면 그것은 죽은 것과 다름없다'는 말이 있다. 너무 강한 표현 같지만, 분명 자신이 모든 것을 알고 있다거나 모든 것을 할 수 있다고 착각하는 순간 성장은 멈춘다. 반면 아무리 많은 성과를 거두었다 하더라도 아직 못 하는 게 많다거나 배워야 할 것이 많다는 생각을 가지고 끊임없이 노력하는 사람은 계속 성장할 수 있다.

메이저리그 첫해, 오타니는 투수로 4승, 타자로는 22홈런을 기록하며 신인왕에 올랐다. 부상으로 인해 투수로 뛰지 못한 기간이 길긴 했지만 일본에서 쌓은 기술이 메이저리그에서도 충분히 통한다는 것을 보여주었다. 하지만 오타니 자신은 이에 만족하지 않았다. "아직 하지 못하는 것들이 있어서, 그것을 하나씩 해나갈수록 그다음의 부족한 기술만 눈에 들어온다"며 자신이 해결해야 할 과제를 언급했다. 그에게 이런 생각을 하게 만든 것은 팀 동료이자 MVP를 두 번이나 수상한 바 있는 마이크 트라웃의 존재였다. 메이저리그 1

년 차를 마친 오타니는 팀 동료인 트라웃에 대해 이렇게 평가했다.

"트라웃은 정말 대단한 선수예요. 타구도 대단하고, 제가 할 수 없는 것을 그가 해내는 것이 너무 많아요."

오타니가 특히 감탄한 점은 트라웃이 "타격할 수 있는 범위가 넓은데도 그 이상으로 넓히지 않는다"는 점이었다. 과거 MVP를 두 번이나 획득한 타자인 만큼 상대 팀은 정면 승부를 피하려고 '볼넷이라도 괜찮다'라는 생각으로 투구를 하는 경우가 많은데, 트라웃은 그럴 때도 무리해서 치려고 하지 않고 공을 잘 보고 볼넷을 골라내면서도 3할대의 타율을 유지한다. 그 결과 출루율이 높아지고 타율도 좋아지며 장타력도 있어 오타니가 중시하는 OPS에서 '1.000'을 넘기는 성적을 기록하고 있다.

그것은 바로 오타니가 목표로 하는 성적이기도 했다. 오타니는 홈런타자여서 상대 투수가 경계해 타석에서 스윙할 기회가 줄어들 수밖에 없다. 하지만 그런 와중에 좋은 공은 놓치지 않고 장타를 만들고 그 외의 공은 볼넷을 얻어낸다. 이로써 출루율을 높이고 OPS를 극대화하는 것이 오타니가 추구하는 이상적인 타자의 조건이다. 메이저리그 1년 차에 많은 기술을 익혔지만 '이 정도면 충분하다'라는 한계점이 없는 것이 오타니가 야구에 푹 빠진 이유이기도 하다. 그리고 그것이 지금도 변함없는 오타니의 마음가짐이다.

———————————— 원 포인트 ————————————

**'이 정도면 충분하다'고 만족하지 않고
항상 새로운 것을 배워나가자.**

"야구를 그만두는 날까지
더 강해지겠다는 마음으로
계속하겠습니다."

프로야구 선수의 전성기는 개인마다 다르고, 투수냐 야수냐에 따라서도 차이가 있다. 일반적으로 야수의 경우 27~28세 정도에 전성기를 맞이하면서 30대 초반에 팀의 핵심으로 활약하게 되고, 투수는 그보다 조금 더 빠르다고 알려져 있다.

하지만 트레이닝 방법이나 건강관리법 등의 변화에 따라 이 연령은 점점 높아지는 추세다. 과거에는 40세를 넘겨서 현역으로 활동하는 선수가 거의 없었으며 나가시마 시게오와 오 사다하루도 각각 38세, 40세에 은퇴했다. 노무라 카츠야가 45세, 장훈이 41세(현역 시절 재일 한국인 선수로 활약, 통산 안타 3,085개로 역대 1위), 오치아이 히로미츠가 45세까지 오랫동안 현역으로 뛰긴 했지만, 말년에는 '쇠퇴했다'는 인상을 주기도 했다.

하지만 최근 야마모토 마사가 50세까지 현역으로 활약한 사례에서 볼 수 있듯이(1983년에 투수로 데뷔, 현역 32년 차인 2015년에 은퇴) 40대에도 현역으로 왕성하게 활약하는 선수들이 있다. 물론 젊은 시절만큼의 성적을 내지는 못하더라도, 야마사키 타케시처럼 39세에 홈런왕에 등극하고 40대에 두 자릿수 홈런을 치는 선수도 존재하게 되었다. 오타니 역시 가능한 한 오래 야구를 하고 싶어 하고, 50대까지 현역으로 뛰는 것도 불가능하지 않다고 생각한다.

"야구를 가능한 한 오래하고 싶고, 최대한 좋은 성적을 내고 싶어요. 그러기 위해 지금부터 매일 기초 체력을 다져서 이를 잘 유지하는 것이 중요하다고 생각합니다. 아마 모든 현역 선수들이 같은 생각을 할 것이고, 저도 그런 선수가 되고 싶습니다."

2023년 7월에 29세가 된 오타니는 "제 계산으로는 이미 전성기가 시작되었다고 생각합니다"라고 단언했다. 현재의 성적을 보면 충분히 수긍할 수 있는 말이다. 그러면서 한편으로는 '정점에서 내려올 때 나는 어떤 기분이 들까'라는 생각도 해 본다고 한다. 오타니는 정점을 유지하는 포인트로 피지컬을 꼽으며 이렇게 말했다.

"피지컬로 강한 힘을 내지 못하면 만족스러운 움직임을 할 수 없습니다. 30대 후반이 되어서도 20대 때보다 더 뛰어난 피지컬을 만들겠다는 마음을 잃지 않으려 합니다."

50대까지 야구를 계속하고 싶다는 오타니에게 필요한 것은 더 많은 기술의 습득과 더 성장할 수 있다는 생각으로 체력을 강화하는 것이다.

원 포인트

**오랫동안 최전선에서 활약할 수 있도록
체력과 능력을 계속해서 단련한다.**

" 04

좌절을
극복하는
법

"멘탈을 핑계 삼고 싶지 않아요.
그것까지도 기술이라고 생각합니다."

공부 진도가 뜻대로 나가지 않을 때, 일의 성과가 오르지 않을 때 우리는 종종 '요즘 좀 피곤해서', '컨디션이 안 좋아서', '최근에 걱정거리가 많아서' 등 몸 상태나 정신적인 문제를 부진이나 슬럼프의 원인으로 삼는다. 물론 컨디션이 좋지 않으면 원하는 만큼의 퍼포먼스를 발휘할 수 없고 정신적으로 고민을 안고 있으면 100%의 힘을 발휘하기 어렵다. 하지만 그것은 어디까지나 '일반적인 생각'일 뿐이다.

2024년 4월 21일, 오타니는 다저스 스타디움에서 열린 뉴욕 메츠와의 경기에서 일본인 선수 최다 기록인 176호 홈런을 쳤다. 4월 12일의 홈런으로 마쓰이 히데키의 기록(2003~2012년 통산 175홈런)과 타이를 이룬 뒤 꽤 긴 시간이 걸린 끝에 나왔기 때문에 오타니 스스로도 이렇게 말했다. "지난번 홈런 이후 시간이 좀 걸려서 빨리 치고 싶었습니다. 오늘 홈런을 쳐서 기쁘고 안도감이 드네요."

오타니는 원래 폭발력이 있는 선수여서 홈런을 치기 시작하면 몰아치는 경우가 많은데, 일주일 이상 공백이 생기자 자연스럽게 '시간이 오래 걸리네, 컨디션이 안 좋은 건가'라는 우려가 나올 수밖에 없었다. 게다가 2024년 시즌에 대해서는 주위에서도 '올해는 방법이 없겠네'라고 할 만한 사건까지 일어났다.

한국에서의 개막 2차전(고척 돔에서 열린 당시 김하성의 소속 팀 샌디에이고 파드리스와의 개막 2연전)을 앞두고 오랜 파트너였던 통역사 미즈하라 잇페이가 불법 도박에 손을 댔다는 이유로 구단에서 해고되었고, 뿐만 아니라 오타니의 돈을 횡령하고 금융기관을 속이고 탈세 등의 혐의로 체포되는 충격적인 사건이 벌어졌다. 그래서 개막 후 40타석 동안 홈런이 나오지 않는 오타니에게 한 기자가 물었다. "홈런이 늦어진 데는 멘탈과 기술 중 어느 쪽 영향이 더 컸나요?" 이에 대한 오타니의 대답은 듣는 이를 모두 놀라게 했다. "멘탈을 핑계 삼고 싶지 않아요. 그것까지도 기술이라고 생각합니다."

그 정도의 사건에 휘말리면 보통은 정신적으로 크게 흔들리고 부진에 빠지는 것이 당연할 법도 하지만 오타니는 멘탈 탓으로 돌리지 않고 '기술의 문제'라고 잘라 말했다. 스포츠 저널리스트 니노미야 세이준에 따르면, 많은 선수가 컨디션이 좋지 않을 때 멘탈을 이유로 들지만, 진정한 프로는 부진의 원인을 멘탈이 아니라 기술 부족에서 찾는다고 한다. 결국 중요한 것은 탄탄한 기술을 확립하는 것이다. '멘탈까지도 기술'이라는 사고야말로 오타니가 언제나 좋은 성적을 꾸준히 낼 수 있는 이유다.

─────────────── 원 포인트 ───────────────

멘탈을 핑계 삼지 말자.
뛰어난 기술이 있다면 언제든 성과를 낼 수 있다.

"분한 경험이 없으면 우승하고 말겠다는 마음조차 생기지 않는다는 것을 알게 되었습니다."

"1등을 하려면 몇 번이고 2등을 거듭해야 한다." '골프의 제왕'으로 불리는 역사상 최고의 골퍼 잭 니클라우스의 이 말은 '패배의 중요성'을 일깨워준다. 메이저 대회 통산 18승을 거두며 골프를 세계적인 스포츠로 만드는 데 큰 공헌을 한 니클라우스이지만 그 또한 패배를 거듭하며 그 위에 승리의 길을 열어갔던 것이다.

지금은 메이저리그를 대표하는 선수로 성장한 오타니 역시 부상과 수술로 인해 원하는 만큼의 활약을 펼치지 못한 시즌을 여러 번 경험했다. 닛폰햄에서의 4년 차에는 팀을 재팬시리즈 우승으로 이끌 정도로 활약했지만, 일본에서의 마지막 해가 된 5년 차에는 부상의 영향으로 기량을 충분히 발휘하지 못해 죄송하다는 마음을 전하기도 했다.

메이저리그 진출 후에도 시련은 계속되었다. 1년 차에는 신인왕을 차지했지만 2년 차와 3년 차에는 토미 존 수술의 영향으로 부진한 모습을 보였다. 3년 차 시즌이 끝난 후 2021년을 팀이 준 '이도류로서의 마지막 기회'로 여긴 오타니는 2년간의 분한 마음을 가슴에 품고 시즌에 임해 MVP를 수상할 정도로 맹활약을 펼친다. 바로 이 "분한 마음이 동기부여가 되었다"고 한다.

그런 '분함'의 원점은 어린 시절로 거슬러 올라간다. 오타니는 초등학교 2학년에 야구를 시작했다. 그때부터 운동 능력이 뛰어나 타자로서도, 투수로서도 탁월한 능력을 발휘했지만 초등학교 시절에는 목표로 삼았던 전국대회 출전에 실패했다. 마침내 그 꿈을 이룬 것은 리틀리그 출전이 가능한 마지막 해인 중학교 1학년 때였다.

그해 미즈사와 리틀리그는 이와테현 내에서는 무패를 과시했고 도호쿠(동북지역) 대회에서 우승해 전국대회에 출전하게 되었다. 특히 도호쿠 대회 준결승에서 오타니는 6이닝제로 치러진 경기에서 총 18개의 아웃 카운트 중 무려 17개를 삼진으로 잡아내는 놀라운 활약을 펼쳤다. 이런 활약이 가능했던 것은 그 전까지의 '패배의 분함'이 있었기 때문이었다고 오타니는 회고했다.

"정말 분한 마음이 들어서 다음에는 꼭 우승하겠다는 마음으로 열심히 했고, 그런 분한 경험이 없으면 그런 마음조차 생기지 않는다는 것을 알게 되었습니다. 마지막 1년은 정말 필사적으로 연습했습니다."

패배의 분함과 그것을 극복하고 얻는 승리의 기쁨이 오타니에게 원동력이 되었던 것이다.

원 포인트

**패배의 분함을
승리를 향한 에너지로 바꾼다.**

"세상에 나보다 잘하는 아이가 있다는 것은, 같은 또래나 연상의 아이들이 있는 단체에서 야구를 해 봐야 비로소 알게 되는 것이니까요."

"재능 있는 젊은 선수일수록 좌절을 경험해야 한다." 20세기를 대표하는 축구 선수이자 명감독이었던 요한 크루이프(공격형 미드필더이자 스트라이커로 활약했던 네덜란드의 레전드 축구 선수로, 발롱도르를 세 번이나 수상)의 말이다.

재능 있는 젊은 선수들은 그 나이대에서는 단연 독보적인 존재이다. 야구라면 '에이스이자 4번 타자'로 팀을 이끌 것이고, 축구라면 '에이스 스트라이커'로서 팀의 득점을 책임지는 핵심적인 존재일 것이다. 팀에 없어서는 안 될 선수이기에 팀원들은 그에게 의지하고 감독, 코치, 부모들도 소중히 대한다. 하지만 그런 상황에 안주하다가는 '우물 안 개구리'로 끝날 위험이 있다. 이를 방지하기 위해서는 '좌절의 경험'이 반드시 필요하다. 그래서 크루이프는 유망한 어린 선수들을 일부러 연장자 팀에 넣어 좌절을 경험하게 하고 그 좌절을 극복하는 방법을 스스로 찾아내는 선수로 키우는 것을 신조로 삼았다.

리틀리그 시절 오타니는 발도 빠르고 강한 공을 던질 수 있었지만, 역시 형들은 오타니보다 수비력이 뛰어났고 오타니의 공을 쉽게 받아쳤다. 오타니는 그런 형들에게 라이벌 의식을 불태우며 '지고 싶지 않다'는 마음으로 열심히 연습에 매진했다고 한다.

"(제 공이) 맞는 게 분하기도 했지만 분함보다는 다음 주말이 기다려진다는 마음이 더 컸던 것 같아요."

그러면서 그는 점차 형들과 대등한 실력을 갖추게 되었고 어느덧 초등학교 2학년의 수준을 넘어서는 비범한 실력을 발휘하기 시작했다. 자신보다 더 잘하고 더 훌륭한 선수가 있는 곳에 뛰어드는 것, 그것은 오타니에게 있어 자신을 성장시키기 위해 꼭 필요한 일이었다.

그가 25세까지 기다리면 고액의 연봉을 받을 것이 거의 확실했지만 이를 포기하고 조기에 메이저리그 도전을 결심한 것도 같은 맥락이었다. 메이저리그에는 에인절스의 마이크 트라웃처럼 오타니에게는 아직 없는, 훨씬 뛰어난 기술을 갖춘 선수들이 많이 있었다. '세상에는 나보다 더 잘하는 사람이 있다'는 사실을 아는 것은 때로는 좌절로 이어지기도 하지만, 그들의 기술을 익히고 싶고 그들을 뛰어넘고 싶다는 강한 열망이 있다면 그곳은 자신을 단련하고 성장시킬 수 있는 곳으로 바뀐다.

"성장할 수 있는 환경에서 야구를 하고 싶다"는 것이 바로 오타니가 메이저리그를 목표로 삼은 이유였다.

원 포인트

**자신보다 뛰어난 사람이 있는 환경이라야
자신도 성장할 수 있다.**

> "보통 1년 반 동안은
> 경기에 출전할 수 없는데,
> 그 와중에도 아직
> 기여할 수 있는 부분이 있다는 것은
> 오히려 플러스라고 생각합니다."

인생을 살아가면서 누구나 몇 번은 역경을 겪게 마련이다. 중요한 것은 그런 역경 속에서 무엇을 생각하고 어떻게 행동하느냐 하는 것이며, 그것이 다음 단계로 나아가는 밑거름이 된다.

야구 선수에게 부상은 피할 수 없는 일이다. 오타니도 고교 시절, 일본 프로야구 시절, 그리고 메이저리그에서 여러 차례 부상을 경험했다. 그는 고교 2학년 여름, 성장판 손상이라는 큰 부상으로 인해 오랜 기간 투구를 할 수 없게 되었다. 하지만 다행히 타격 시에는 통증이 없었기에 타격 연습에 집중하게 되었고 그 결과 타격 실력이 급성장하여 훗날 '홈런타자 오타니 쇼헤이'의 탄생으로 이어졌다.

이러한 타자로서의 성장이 결국 '이도류'로 연결되었으니 전화위복이 되었다고 할 수 있겠지만 아무리 오타니라고 해도 부상 자체를 긍정적인 경험으로 받아들이지는 않는다. 대신 부상을 당하더라도 그 상황에서 할 수 있는 것에 최선을 다한다는 자세를 가지고 있다.

메이저리그 1년 차인 2018년, 오타니는 신인왕을 차지할 정도로 맹활약을 펼쳤지만 9월에 오른쪽 팔꿈치 손상이 발견되어 토미존 수술을 권유받는다. 수술을 받으면 최소 한 시즌은 재활이 필요해 2019년에는 등판이 불가능했고 타자로 복귀하는 데에도 몇 개월이 걸릴 상황이었다. 큰 충격이었지만, 오타니는 '타석에 설 수 있다'는 것을 긍정적으로 받아들였고 그 직후 주간 MVP를 차지할 정도로 좋은 활약을 보여주었다. 이를 본 마이크 트라웃은 "이도류 선수는 좋겠네요. 한쪽을 다쳐서 못하게 돼도 다른 한쪽이 남아 있으니까요"라며 오타니의 장점을 칭찬했다. 잦은 부상으로 고생했던 트라웃의 진심 어린 말이었을 것이다. 오타니는 역경 속에서도 항상 그 시점에 할 수 있는 최선을 다하는 선수였다.

2023년 시즌 막판에 오타니는 다시 팔꿈치에 문제가 생겨 두 번째 수술을 받았다. 에인절스에서 FA가 되어 새로운 팀과의 거액 계약이 확실시되던 중요한 시점이었다. 그러나 별문제 없이 다저스와 계약을 체결하고 '오직 타자로만' 시즌을 소화했다. 할 수 없는 것이 있더라도 거기에 매몰되지 않고, 할 수 있는 것에 최선을 다하는 오타니다운 활약은 계속 이어지고 있다.

원 포인트

할 수 없는 것에 매몰되지 말고
할 수 있는 것에 최선을 다하자.

> "이길 수 있는 승부에서는
> 이겨도 기쁘지 않고,
> 누가 이길지 모르거나
> 오히려 질지도 모르는 승부에서
> 이겼을 때의 기쁨이
> 더 크다고 생각해요."

오타니의 매력 중 하나는 진지하게 임하면서도 즐겁게 야구를 하는 모습이다. 물론 패배하면 당연히 분하고 팀이 기대한 만큼 이기지 못했을 때의 스트레스는 상당할 것이다. 그럼에도 불구하고 그는 늘 미소를 잃지 않으며 예의를 지키는 모습으로 많은 사람에게 사랑받고 있다.

하지만 그런 오타니도 스트레스를 받을 때면 '가위눌리는 꿈' 을 자주 꾼다고 한다. 야구와 관련된 꿈도 자주 꾸는데, 우익수 앞 안타를 치고도 물속을 달리는 것처럼 발이 전혀 앞으로 나아가지 않아 1루에서 아웃당하는 꿈이 가장 많다고 한다. 시즌 중 원하는 성적이 나오지 않을 때 이런 꿈을 꾼다고 하니 오타니가 얼마나 심한 스트레스를 받는지 짐작이 된다. 하지만 그는 이렇게 말한다.

"결과가 좋지 않을 때는 정신적으로 스트레스를 받습니다. 하지만 야구에서 스트레스를 느끼는 것도 좋은 일이라고 생각해요. 하루하루 결과가 좋았는지 나빴는지 생각할 수 있는 직업은 많지 않잖아요. 그게 재미있기도 하고, 또 힘든 부분이기도 합니다."

2021년과 2023년 오타니는 투타에서 맹활약하며 MVP를 수상했지만, 소속팀 에인절스는 두 시즌 모두 승률 50%를 넘기지 못하고 일찌감치 포스트시즌 진출이 좌절되었다. (2023년 73승 89패, 지구 4위) 이 결과에 대해 "더 재미있고 가슴 졸이는 9월을 보내고 싶다"는 오타니의 발언이 나오면서 그가 약체 에인절스를 떠나 강한 팀으로 이적을 원한다는 보도가 눈에 띄게 많아졌다.

닛폰햄 시절, 오타니는 승부에 대해 이렇게 말한 적이 있다.

"이길 수 있는 승부에서는 이겨도 기쁘지 않고, 누가 이길지 모르거나 오히려 질지도 모르는 승부에서 이겼을 때의 기쁨이 더 크다고 생각해요. 그래서 긴장되지 않으면 재미가 없다고 생각합니다."

무조건 이길 수 있는 경기에서는 이겨도 재미없고 그렇다고 지는 것은 더더욱 재미없다. 이기든 지든, 승패를 예측할 수 없는 가슴 졸이는 승부를 바란다는 점에서 월드시리즈나 포스트시즌 진출이 걸린 벼랑 끝 승부야말로 오타니가 갈망하는 무대이다. 2023년 제5회 WBC 결승전이 그랬던 것처럼 오타니는 극한의 긴장감 속에서 더 큰 힘을 발휘할 수 있고 그런 승부를 통해서만 야구 선수로서 그리고 인간으로서 더 성장할 수 있다고 생각한다.

──────────── 원 포인트 ────────────

**긴장되는 상황과 진검 승부를 경험해야만
성장할 수 있다.**

"저기 굴러다니는 돌멩이로 던지라고 해도 던질 수 있어야 합니다."

"일이 안 되는 이유는 100가지가 넘는다"는 말이 있듯이 사람들은 '안 되는 이유'를 찾는 데 매우 능숙하다. 예를 들어 영업사원에게 물건이 안 팔리거나 실적이 오르지 않는 이유를 물어보면 '우리 상품이 너무 비싸서', '경쟁사가 너무 강해서', '불황이라서', '고객이 결정을 안 해서' 등 다양한 이유가 바로 쏟아져 나온다. 마찬가지로 학생에게 학교 성적이 오르지 않는 이유를 물으면 '내 공부방이 없어서', '학원에 못 다녀서', '선생님 교수법이 나빠서' 등의 핑계를 댄다.

이처럼 '안 되는 이유'는 얼마든지 댈 수 있지만 아무리 그럴듯한 변명을 한다고 해도 실적이 오르거나 성적이 좋아지지는 않는다. 이렇게 핑계를 찾는 데 익숙해질수록 인간으로서의 성장도 기대하기 어렵다.

오타니가 메이저리그에 진출한 2018년, 일본 프로야구에서는 그의 이도류가 위력적이었지만 스프링 캠프나 시범경기를 통해 보여준 모습은 기대 이하였다. '타석에서는 투수에게 밀리고 마운드에서는 번번이 안타를 맞아서 어느 정도의 선수인지 모르겠다'는 평가를 받을 정도였다. 팬들은 "일본판 베이브 루스는 어디로 갔느냐"며 의문을 제기했다.

실제로 2월 24일 시범경기 데뷔전에서 오타니는 홈런 1개를 맞고 2실점했으며(1과 1/3이닝 동안 투구 수 31개) 3월 16일 콜로라도 로키스와의 경기에서는 홈런 2개를 허용하며 7실점했다(2와 2/3이닝 동안 투구 수 50개). 두 경기 모두 짧은 등판이었으며, 두 경기에서 삼진 5개를 잡아냈지만 제구력 난조로 흔들리는 모습이었다. 이에 대해 기대에 못 미친다고 비판하는 사람들도 있었고, 환경 변화에 적응하지 못하고 있다는 지적과 아직 제 실력을 숨기고 있다는 평가도 있었다.

사실 오타니는 환경 변화에 당황스러웠다고 한다.

"마운드와 공의 차이에 익숙해지는 것이 힘들었습니다. 타자와의 승부보다는 내 자신의 폼이나 타이밍을 다시 점검하고 수정하는 데 집중했습니다."

일본 프로야구와 메이저리그가 사용하는 공인구는 다르다. 이 때문에 오타니뿐만 아니라 많은 투수가 미끄러운 공에 적응하는 데 어려움을 겪는다. 게다가 경기 수가 많고 구단 수도 많기 때문에 마운드마다의 차이도 크다. 그렇지만 오타니는 단호하게 말한다.

"저기 굴러다니는 돌멩이로 던지라고 해도 던질 수 있어야 합니다."

그는 환경의 차이를 탓하지 않고 주어진 환경 속에서 최선을 찾기 위한 노력을 계속했다. 성과를 내는 사람은 '안 되는 이유'가 아니라 '무엇을 할 수 있는가'에 집중한다.

* 오타니의 MLB 데뷔전 성적: 타자로서는 2018년 3월 30일 오클랜드 애슬레틱스와의 경기에서 8번 지명타자로 나와 5타수 1안타 기록. 투수로서는 4월 2일 같은 팀을 상대로 선발 출장해 6이닝 3실점을 거둬 승리투수가 됨.

* 데뷔 시즌 최종 성적: 타자로서는 타율 0.285, 22홈런, 61타점, 10도루, OPS 0.925를 기록. 투수로서는 10경기에 등판하여 총 51과 2/3이닝을 던져 4승 2패를 거두었으며 ERA 3.31, 탈삼진 63개 기록. 팔꿈치 인대 파열로 6월 이후 타자로만 나섰으며 그해 아메리칸리그 신인왕 차지.

원 포인트

**주어진 조건 안에서 최선을 다할 때
계속해서 성과를 낼 수 있다.**

"좋은 투구를 했는데도
결과가 좋지 않다면
그건 제가 통제할 수 없는 부분이니
어쩔 수 없는 거죠."

비즈니스의 세계에서도 평소 열심히 노력했음에도 불구하고 원하는 결과가 나오지 않을 때가 있고, 실수와 실패가 많았음에도 불구하고 운이 따라줘서 좋은 결과를 얻는 경우가 있다. 후자의 경우를 자신의 실력으로 착각하면 럭키 펀치에만 의존하는 사람에 그치게 되고, 전자의 경우에 지나치게 비관하면 '내 실력은 이 정도밖에 안 돼', '아무리 노력해도 소용없어'라는 패배의식에 사로잡혀 멘탈이 무너지고 회복하지 못할 수 있다.

'퀄리티 스타트'라는 야구 용어가 있다. 이는 선발투수가 6이닝 이상을 던져 자책점 3점 이내로 막는 것을 의미하며, 투수를 평가하는 주요 항목 중 하나다. 과거에는 선발 등판해 완투하는 것이 투수의 이상적인 모습으로 여겨졌지만 현재는 투수들도 분업화되어 선발은 '선발로서의 역할을 다하는 것'이 요구되고 있다. 최종 승패는 상대 팀의 공격 그리고 같은 팀 타선의 지원과 마무리 투수의 역량에 달려 있다.

일본 프로야구에서 '사와무라 상'을 수상하기 위해서는 승수가 중요한 기준으로 작용하지만 메이저리그에서는 승수보다는 투수의 개별 퍼포먼스가 더 중시된다. (일본의 '사이 영 상'이라 불리는 '사와무라 상'은 일본 프로야구 초창기 때 투수로 이름을 날린 사와무라 에이지의 업적을 기리기 위해 제정된 것으로, 선발투수로서의 성적으로만 수상 자격을 평가) 메이저리그에서 2018, 2019년 연속으로 '사이 영 상'을 수상한 제이콥 디그롬의 승수는 각각 10승, 11승으로 아주 많지는 않았다. 그럼에도 불구하고 디그롬은 1점대 초반의 낮은 방어율을 기록했고 200개가 넘는 삼진을 잡아내면서도 사사구는 40개 정도로 매우 적었던 점이 연속 수상의 결정적 요인이었다. 현재 메이저리그의 투수에게 요구되는 것은 '사사구를 내주지 않는다, 장타를 맞지 않는다, 삼진을 잡아낸다'라는 세 가지로, 승수는 그다지 중요하게 여기지 않는다. 그렇기 때문에 선발투수로서의 역할을 충실히 수행해낸 디그롬이 높은 평가를 받을 수 있었던 것이다.

오타니는 에인절스에서 투수로 86경기에 등판해 38승 19패, 방어율 3.01이라는 성적을 기록했다. 만약 에인절스가 좀 더 타격이 강한 팀이고 마무리 투수진이 안정적이었다면 더 많은 승수를 기록할 수 있었을 것이다. 하지만 이는 오타니가 통제할 수 없는 부분이므로 승수에 대해 고민하는 것은 자신이 통제할 수 없는 부분에 대해 고민하는 것이나 마찬가지이다. 오타니의 사고방식은 자신이 통제할 수 있는 것에 최선을 다하고 통제할 수 없는 일에는 신경 쓰지 않는 것이다.

원 포인트

통제할 수 있는 것에 최선을 다하면
그 외의 일로 크게 고민할 필요가 없다.

05

응원받을
만한
사람이
되어라

> ## "성실하게 노력해 온 사람이
> ## 정상에 올라야 마땅하고,
> ## 그에 상응하는 성과를 내는 것이
> ## 마땅하다고 생각합니다."

인생이 늘 잘 풀리지만은 않는다. '정직한 사람만 손해를 본다'는 말처럼 성실하고 정직하게 살아왔음에도 불구하고 원하는 결과를 얻지 못하거나 불행을 겪게 되는 경우도 생긴다. 이럴 때는 부조리한 세상을 탓하고 싶지만, 그래도 성실하고 정직하게 사는 것의 가치를 믿고 싶은 것이 대다수의 삶이다.

오타니는 고교 시절 작성한 목표 달성 시트의 중앙에 '8개 구단 드래프트 1순위'라고 적었다. 이것 자체는 프로야구 선수를 꿈꾸는 고등학생다운 내용이지만 그 목표를 이루기 위해 필요한 요소로 '체력 단련'과 '멘탈'에 더해 '인간성'과 '운'까지 적혀 있는 점은 의외로 느껴진다.

세상에는 스포츠나 예능 등에서 뛰어난 성과를 보이면 인간성은 어떻든 상관없다고 생각하는 사람도 있지만 오타니는 그렇게 생각하지 않았다. 정상에 오르는 사람, 성과를 내는 사람은 제대로 된 사람, 성실하게 노력한 사람이어야 한다는 것이 그의 믿음이었고 스스로도 그런 사람이 되어야겠다고 생각한 것이다.

그런 신념 때문인지 오타니는 지금도 경기장에서 쓰레기를 줍는 모습이 종종 포착된다. 고등학교 시절에는 "야구장에서 가장 높은 곳, 즉 마운드에 서는 사람은 모두가 가장 꺼리는 일을 해야 한다"는 사사키 히로시 감독의 가르침에 따라 기숙사 화장실 청소를 불평 없이 묵묵히 했고, 인사나 방 청소도 운을 좋게 하는 중요한 습관으로 여기고 실천했다. 리틀리그 시절에도 에이스이자 4번 타자인 그가 솔선수범해 고무래를 들고 그라운드 정비를 나서서 했다.

이런 오타니의 태도는 함께 메이저리그에서 활약하고 있는 오타니의 고교 선배 기쿠치 유세이도 실천하고 있는데, 이런 행동을 계속 지켜나가면서 습관화하도록 가르치는 것이 하나마키히가시 고등학교가 강팀으로 자리매김하게 된 비결 중 하나가 아닐까.

쿠와타 마스미(사와무라 상을 수상한 바 있는 일본의 투수)는 노력에는 '겉의 노력'과 '속의 노력'이 있다고 말한다. 선수로 성공하기 위해서는 연습과 같은 '겉의 노력'뿐만 아니라 인사, 쓰레기 줍기, 청소와 같은 '속의 노력'도 중요하며 이를 실천해야만 비로소 야구인으로서, 한 인간으로서 성공할 수 있다는 뜻이다. 재미있는 것보다 올바른 것을 우선시하며, 겉으로 드러나는 노력뿐만 아니라 보이지 않는 속의 노력도 아끼지 않는 것. 그런 노력을 통해 오타니는 항상 '정상'에 오를 만한 사람이 되려고 준비하고 있다.

원 포인트

맡은 일에 최선을 다하는 것은 당연하다.
거기에 사람으로서 갖춰야 할 '보이지 않는 노력'도 게을리하지 않는다.

> ## "아들인 내가 경기에 나가려면
> ## 압도적인 실력이 있어야 해요.
> ## 팀원 모두가 납득할 수 있는
> ## 실력이 없으면 안 되는 거죠."

'부모 찬스'라는 말이 있듯이 어떤 집안, 어떤 부모 밑에서 태어나느냐에 따라 한 아이의 인생이 좌우되는 것은 분명한 사실이다. 부유한 가정에서 태어나면 경제적 어려움 없이 성장할 수 있고, 대대로 사업을 하는 집안에서는 가업을 이어가는 것이 당연하게 여겨질 수 있다. 교육열이 높은 집안에서는 자연스레 일찍부터 '좋은 학교에 가는 것'이 목표가 된다.

반면 부유하지 않은 가정에서 태어나면 상대적으로 어려움을 겪는 경우가 더 많기 때문에 '부모 찬스'라는 말이 생겨났겠지만, 좋은 환경에서 태어났다고 해서 그것만으로 행복이 보장된다고 할 수는 없다. 인기나 실력, 지위가 높은 부모를 둔 경우 '부모의 후광' 때문에 그 자녀가 같은 길을 걷기란 결코 만만하지 않다.

예를 들어 나가시마 카즈시게는 뛰어난 운동 능력을 가지고 있었지만 그의 아버지인 나가시마 시게오와 비교되면서 어려움을 겪었다. 또한, 유명 배우나 연예인을 부모로 둔 2세들은 자신의 실력과 무관하게 '부모 덕을 본다'는 색안경 아래 자신의 능력을 정당하게 평가받지 못하는 경우가 많다.

　오타니의 아버지 오타니 토오루는 요코하마의 미쓰비시중공업에서 사회인 야구 선수로 뛴 후, 고향인 이와테로 돌아와 도요타 그룹의 간토자동차공업에 취직했다. 그는 사회인 야구 경험을 살려 쇼헤이가 소속된 미즈사와 리틀리그에서는 감독을, 이치노세키 리틀 시니어에서는 코치를 맡고 있었다.

　비록 부자지간이지만 지도자와 선수 관계였기 때문에 오타니의 아버지는 아들을 특별대우하지 않았고, 오타니 자신도 '아들과 실력이 같은 아이가 있다면 아들이 아닌 그 아이를 경기에 내보내야 한다'는 아버지의 입장을 잘 이해하고 있었다. 비슷한 실력이라면 '감독의 아들이라서 편애를 받고 있다'는 이야기가 나올 수 있기 때문이다.

　"아들인 내가 경기에 나가려면 압도적인 실력이 있어야 한다. 팀원 모두가 납득할 수 있는 실력이 없으면 안 된다"고 어린 나이에 각오를 다진 그는 동료 선수들보다 몇 배나 더 많은 연습을 통해 압도적인 실력을 쌓아갔다. 그 바탕에는 아버지와 주위의 기대에 부응하고 신뢰받는 선수가 되고 싶다는 강한 마음이 있었다.

원 포인트

**시기와 질투를 피하는 비결은
그 지위나 역할에 걸맞은 사람이 되는 것이다.**

"'즐기는 것보다 올바름을 기준으로 행동하라'는 가르침을 실천하고자 합니다."

일본에 있을 때부터 외식을 하거나 술을 마시는 일이 거의 없었던 오타니는 에인절스 시절 뉴욕에 원정을 갔을 때 뉴욕에 대한 인상을 묻는 기자의 질문에 "거의 외출한 적이 없어서요"라고 대답할 정도로 대부분의 시간을 야구에 쏟아왔다.

닛폰햄 시절 쿠리야마 히데키 감독이 오타니에게 "이도류에 도전하려면 놀러 다닐 여유가 없다"며 "외출을 하려면 내 허락을 받아야 한다"고 엄격하게 지도한 것도 사실이다. 오타니 스스로도 스무 살 무렵 "어른에게 필요한 것은 스스로에게 제한을 두는 것"이라고 말했듯이 '야구를 위해 무엇을 해야 하는가'를 항상 고민하고 실행해 왔다.

오타니는 프로 2년 차인 2014년에 11승, 10홈런을 기록하며 일본 프로야구 사상 최초로 '두 자릿수 승수, 두 자릿수 홈런'을 달성했다. 하지만 그는 그해의 오프시즌에도 많은 시간을 연습에 할애했다. 모두가 들떠 있는 크리스마스에도 연습에 매진하는 오타니에게 그 이유를 묻자 고교 시절에 들었던 "즐기는 것보다 올바름을 기준으로 행동하라"는 말을 들려주며 이렇게 답했다고 한다.

"엄청나게 힘든 연습 과제가 있다고 가정했을 때 물론 저도 그걸 하고 싶지 않아요. 하지만 제가 성장하기 위해서는 반드시 해야 합니다. 결국 그 훈련에 스스로 임할 수 있느냐 없느냐가 중요한 요소가 되는 거죠."

외식도, 술 마시며 노는 것도 분명 재미있는 일이다. 특히 오타니처럼 젊고 경제적으로 여유가 있다면 재미있는 쪽으로 끌리기 마련일 텐데 그런 유혹을 이겨내며 힘든 연습을 하는 것은 결코 쉽지 않다. 여기서 중요한 것은 '무엇이 옳은가', '야구 선수로 성공하기 위해 무엇을 해야 하는가'라는 관점이다. 투구와 타격, 이 두 가지를 최고 수준으로 끌어올리기 위해 무엇이 필요한지 고민하고 먹는 것, 자는 것까지 야구를 위해 어떻게 해야 하는지를 오타니는 끊임없이 고민하고 실천해 오고 있다.

예를 들어 하루에 얼마나 공부할지, 책을 얼마나 읽을지 등을 결심했다 하더라도 대부분 '오늘은 피곤해서', '친구와의 약속이 있어서' 등 여러 가지 이유를 대며 자신과의 약속을 저버리기 쉽다. 이때 중요한 것은 '무엇이 옳은가'를 기준으로 해야 할 일을 결정하는 것이다. 그 작은 선택들이 쌓이고 쌓여 결국 큰 차이를 만들어낸다.

―――――――――― 원 포인트 ――――――――――

성장하고 싶다면
'무엇이 옳은가'를 기준으로 행동하자.

"기본이 되는 세 가지 가르침을 지금도 기억하고 있습니다. 언제, 어떤 단계에 가더라도 계속해서 중요하게 여겨야 할 가르침이라고 생각합니다."

"사람은 습관에 따라 행동하기 때문에 올바른 사고와 행동을 어릴 때부터 습관화해야 한다." '세계 최고의 투자자'로 불리는 워런 버핏이 한 말이다. 버핏은 6세에 나름의 작은 사업을 시작했고 11세에 처음으로 주식 투자를 했다. 그는 어린 시절부터 '번 돈보다 적게 쓰기'와 같은 수많은 '좋은 습관'을 바탕으로 자산을 키워 93세인 현재 100조 원이 넘는 개인 자산을 보유하고 있다.

어릴 때 익힌 가치관과 습관을 성인이 되어서도 계속 지켜나가는 사람이 성공하고 존경받는 인물이 된다. 오타니 역시 어린 시절 부모님의 가르침과 고교 시절 감독의 가르침을 지키고 실천함으로써 성공을 이루어냈다. 오타니에게 아버지는 야구를 처음 가르쳐준 사람일 뿐만 아니라 소년 시절에는 감독과 코치로 야구를 지도해준 사람이다.

리틀리그 시절, 부자는 '야구 노트'를 교환일기처럼 꾸준히 기록했다. 아버지가 감독으로서 그날의 평가와 조언을 쓰고, 오타니는 경기에서의 반성과 앞으로의 과제를 적어 넣었다. 특히 중요하게 생각한 것은 '잘못된 점이 있을 때, 다음에 어떻게 해야 과제를 극복할 수 있을지 고민하고 실행하는 것'이었다. 이는 비즈니스 세계에서도 동일하게 적용된다. 실패했을 때 중요한 것은 책임 추궁보다는 그 원인을 찾아 다시는 같은 실수를 반복하지 않기 위한 대책을 세우고 실행하는 것이다.

또 하나 중요한 것은 '실패의 기록을 남기는 것'이다. 실패는 흔히 '혼나는 것으로 끝나는' 경우가 많은데 오타니 부자는 '실패를 글로 남겨서 해야 할 일을 머릿속에 확실히 새긴다'는 원칙을 실천하려고 노력했다.

그리고 대부분의 페이지에는 '큰 소리로 힘차게 플레이하기', '열심히 캐치볼 연습하기', '최선을 다해 달리기'라는 세 가지 항목이 적혀 있었다. '큰 소리로 힘차게 플레이하기'는 무작정 소리만 지르는 것이 아니라, 연계 플레이 등의 중요한 장면에서 크게 소리를 내며 명확히 소통을 하라는 의미이다. '열심히 캐치볼 연습하기'는 캐치볼 단계에서부터 목적의식을 가지고 던지는 것의 중요성을 강조하는 것이고 '최선을 다해 달리기'는 마지막까지 힘을 빼지 말고 전력을 다해 뛰어야 한다는 뜻이다.

이 기초적인 세 가지 가르침에 대해 오타니는 "언제, 어떤 단계에 가더라도 계속해서 중요하게 여겨야 할 가르침이라고 생각합니다"라고 말했으며, 이는 지금도 오타니의 근간을 이루고 있는 신념이다.

원 포인트

**살아가는 데 필요한 기본은 일찍 습관화하고
성인이 되어서도 계속 지켜나가자.**

"에인절스의 따뜻함에 힘입어 이후 성장 곡선을 우상향으로 그릴 수 있었습니다."

"스스로를 믿지 않으면 아무도 믿어주지 않는다." 올림픽에 출전한 어느 선수의 말이다. 먼저 스스로 '이기겠다', '강해지겠다'고 믿고 노력할 때에만 주변 사람들 또한 '도와주자', '함께하자'고 진심으로 생각하게 된다는 의미이다. 그러나 아무리 강한 의지와 자신감을 가져도 때로는 원하는 만큼의 결과가 나오지 않을 때가 있다. 자신을 더 이상 믿지 못하게 되는 순간, 어떻게 해야 할 것인가?

항상 자신감 넘치고 즐겁게 야구를 하는 것처럼 보이는 오타니이지만 메이저리그 입단 첫해 스프링 캠프에서는 기대만큼의 결과가 나오지 않아 조금씩 자신감을 잃어가고 있었다.

일본의 젊은 야구 스타가 베이브 루스 이후 처음으로 이도류에 도전한다는 점에서 큰 화제는 불러일으켰지만, 미국 언론과 팬들 사이에서는 회의적인 시선이 많았다. 그런 상황에서 반드시 결과를 내야 한다는 압박은 매우 힘든 것이었다.

투수로서도 고전하고 타자로서도 낮은 평가를 받는 와중에 오타니는 이치로를 찾아가 한 시간 정도 대화를 나누었는데, 그때 이치로가 "자신의 재능을 믿는 것이 좋다"는 조언을 해주었다. 오타니는 이 말 덕분에 "자신감이 생겼고, 자신감을 가지고 그라운드에 나갈 수 있게 되었다"고 회상했다.

또한 같은 시기에 오타니를 영입하기 위해 노력했던 에인절스의 단장 빌리 에플러도 "능력은 충분하니 자신감을 가지고 하면 된다"며 그를 격려해 주었다. 당시의 심정을 오타니는 이렇게 말한다.

"구단 관계자들, 선수들, 팬들이 정말 따뜻하게 대해주면서 '아직 개막 전이잖아'라는 태도를 일관되게 유지해주셨습니다. 그 따뜻함에 힘입어 이후 성장 곡선을 우상향으로 그릴 수 있었다고 감사해하고 있습니다."

누구든 때로는 불안해하고 자신감을 잃기도 한다. 그럴 때 건네는 '따뜻한 말 한마디'는 그 사람을 격려하고 어려움을 헤쳐나가게 하는 힘이 된다.

───── **원 포인트** ─────

먼저 스스로의 가능성을 믿어야 하지만
힘들 때는 주변에 도움을 청하는 것도 필요하다.

> "지켜보는 사람들이 있다는
> 의식을 가지고 프로야구 선수로서
> 해야 할 일을 하는 겁니다.
> 그래야만 나 아니면 할 수 없는 플레이를
> 할 권리가 생긴다고 생각합니다."

권력을 쥐고 있거나 막대한 돈을 가진 사람들에게는 '가진 자의 의무'라는 개념이 종종 요구된다. 권력과 돈을 손에 넣음으로써 사람은 많은 것을 할 수 있게 되는데 그것을 개인적 용도로 사용하는 것 자체는 문제가 되지 않는다. 하지만 동시에 그러한 위치에 있는 사람에게는 가지지 못한 사람들을 배려하고 그들을 위해 행동해야 할 의무도 생긴다. 그러한 의무를 자각함으로써 올바른 행동을 할 수 있고, 존경받는 존재가 될 수 있는 것이다.

오타니는 고교 때 사사키 히로시 감독에게 다양한 영향을 받았으며 프로가 된 이후에도 그의 가르침을 소중히 여기고 있다. 사사키 감독이 선수들에게 가르쳤던 것 중 하나가 '권리와 의무'이다.

오타니에 따르면, 당시 야구부에는 선수가 100명 넘게 있었지만 고시엔 대회에 가서 벤치에 앉을 수 있는 선수는 선발 출전 9명을 포함해 18명뿐이었고 나머지 선수들은 관중석에 앉아 응원하는 것만 가능했다고 한다. 그렇기 때문에 선발되어 경기에 출전하는 선수는 모든 부원을 대표한다는 의식을 가지고 행동해야 한다는 것이 이 가르침의 핵심이었다.

"타자가 공을 쳐서 그라운드 안으로 들어갈 때 비로소 1루까지 뛸 권리가 생긴다. 그때 뛰지 못하는 사람들을 위해 전력으로 플레이할 의무가 생기며, 그 의무감이 눈에 보이게 뛰지 않으면 진심이 전달되지 않는다고 감독님께서 자주 말씀하셨습니다."

오타니는 일본에서도 메이저리그에서도 '뛰는 것'에 요령을 피우지 않기로 유명하다. '권리와 의무'에 대한 이러한 개념은 '프로야구 선수로서도 그 부분은 중요하다'고 말할 만큼 고교 졸업 후 지금까지도 견지하고 있다.

프로인 이상, 선수는 경기는 물론 연습과 일상생활에서도 많은 팬의 응원과 관심을 받고 있다는 걸 인식하고 해야 할 일에 최선을 다해야 할 의무가 있다. 그래서 오타니는 단순히 야구만 열심히 하면 사생활은 상관없다는 식의 사고방식과는 분명히 선을 긋는다. 그는 24시간 내내 야구에 마이너스가 될 일은 하지 않으며 플러스가 되는 일에만 전력을 다하고 있다.

그렇게 이른바 '가진 자의 의무'를 충실히 이행하면 그 결과 '나 아니면 할 수 없는 플레이를 할 권리'도 생긴다고 오타니는 믿고 있다.

―――――――――――――― 원 포인트 ――――――――――――――

해야 할 일을 철저히 해야
비로소 자신이 하고 싶은 일을 할 수 있다.

"홈런을 칠 수 있는 타자가
매 경기 반대 방향의
단타를 노리는 것을 보며
재미있냐고 묻는다면,
절대 재미없다고 생각합니다."

'세계의 홈런왕' 오 사다하루는 1980년, 그의 나이 40세에 은퇴했다. (22개 시즌 통산 홈런 868개, 홈런왕 15회 수상) 은퇴하는 해에도 30홈런을 쳤으니 실력만으로는 은퇴할 이유가 없었지만 "내년에도 40홈런을 목표로 하고 싶다"고 계속 말해왔던 그였기에 "더 이상 오 사다하루로서의 타격을 할 수 없게 되었다"는 것을 은퇴의 이유로 들었다.

오타니와 종종 비교되는 베이브 루스도 "방망이를 짧게 잡고 좌측으로 밀어 치면 4할을 칠 수 있을 텐데"라는 기자의 말에 이렇게 대답한 적이 있다.

"내가 좌익수 앞 2루타를 세 번 치는 것보다 우익수를 넘기는 홈런 한 방을 치는 걸 팬들은 더 보고 싶어 합니다."

타자에게는 각자의 스타일이 있고, 뛰어난 선수일수록 자신의 스타일을 고수하며 팬들의 기대에 부응하려고 노력한다. 그리고 팬들은 오 사다하루나 베이브 루스 특유의 홈런을 보기 위해 관중석을 찾는다.

과거 일본에서는 '오 시프트'라는 것이 있었고, 메이저리그에서도 오타니에 대한 대응책으로 2022년까지 1루와 2루 사이에 3명의 야수를 배치하는 '오타니 시프트'가 자주 시행되었다. ('시프트'는 타자의 타격 성향에 맞춰 수비 위치를 자유롭게 조정하는 것을 뜻하며, 메이저리그에서는 2023시즌부터 경기 시간 단축을 위해 수비 시프트를 금지함.) 좌타자에게 불리한 시프트이지만, 이런 극단적인 수비를 역이용해 기습 번트를 시도하거나 야수가 비어 있는 곳을 노려서 타격을 하는 방법도 있다.

확실히 그렇게 하면 타율은 올라가겠지만 이에 대해 오타니는 "그러면 재미가 없지 않을까요?"라는 부정적인 의견을 보였다. "홈런을 칠 수 있는 타자가 매 경기 반대 방향의 단타를 노리는 것을 보는 게 재미있냐고 묻는다면, 나는 절대 재미없을 것 같다고 생각한다"는 것이다.

오타니는 발이 빠르기 때문에 타율만 고려한다면 기습 번트도 노릴 수 있고, 밀어 쳐서 안타를 만들어낼 수도 있다. 실제로 WBC에서 빠른 발을 활용한 기습 번트를 시도한 적이 있고, 정규시즌에서도 아주 가끔 시도하기도 한다. 하지만 그것은 어디까지나 '가끔'일 뿐이다. 스스로도 "가끔이라면 재미있겠지만 매 경기라면 재미없을 것"이라고 말했듯, 오타니도 루스처럼 팬들이 자신에게 기대하는 것은 호쾌한 장타력이지 똑딱이 안타를 기대하는 것이 아니기 때문이다.

원 포인트

**'나다움'과 '나만의 강점'을 살려야
성장할 수 있다.**

"이도류는
나만의 것이 아닙니다."

'오타니 쇼헤이=이도류'라는 등식은 이제 모두가 알고 있지만, 오타니 자신도 처음부터 투수와 타자 양쪽 역할을 병행할 생각은 아니었다고 한다. 프로야구 드래프트에서 지명될 만한 선수라면 아마추어 시절에 '에이스이자 4번 타자'였던 선수가 대부분이고 오타니도 예외는 아니었다. 그가 고등학교 졸업 후 곧바로 메이저리그 진출을 고려했을 때 염두에 두고 있었던 것은 투수로서의 도전이었다.

실제로 오타니를 고교 시절부터 지켜본 다저스의 스카우터 코지마 케이이치도 오타니의 투수로서의 자질에 주목하고 있었다. 그런 오타니의 마음을 돌린 것은 닛폰햄의 이도류 제안이었다.

그것은 오타니가 그때까지 생각해 본 적 없는 '획기적인 아이디어'였고 결국 그 제안 덕분에 오타니가 입단하게 되었다. 타격과 투구 모두를 좋아했고 두 영역 모두 뛰어난 재능을 가지고 있었지만, '둘 다 할 수 있다'고는 오타니 자신도 생각하지 못한 것이었다. 그리고 거기서부터 아무도 해 본 적 없는 이도류에 대한 결코 쉽지 않은 도전이 시작되었다.

오타니도, 쿠리야마 히데키 감독도 진심으로 이도류의 성공을 목표로 했지만, 쿠리야마 자신도 "온몸이 가루가 될 것 같은 비판을 받았다"고 당시를 회상한다. 그럼에도 불구하고 "투수로도 타자로도 초일류가 될 가능성이 있다면 둘 다 도전해도 좋다"며 오타니의 등을 열심히 밀어붙였다고 한다. "지금까지의 판단을 기준으로 쇼헤이를 묶어두지 않는 것이 감독으로서의 나의 책임"이라는 강한 각오로 오타니를 지원했고 닛폰햄 구단도 전폭적인 지원을 아끼지 않았다.

그를 향한 지원과 오타니 본인의 남다른 노력은 결국 크게 꽃을 피운다. 입단 4년 차에 두 자릿수 승수와 두 자릿수 홈런을 기록하며 투수와 지명타자 두 부문에서 모두 베스트나인(일본 프로야구에서 시상하는 타이틀 중 하나로 KBO의 골든글러브와 비슷함)에 선정되고, 퍼시픽리그 MVP를 수상하며 팀을 재팬시리즈 우승으로 이끈 것이다.

오타니는 모두가 불가능하다고 생각했던 이도류를 결과로 증명해냈고 이는 메이저리그 진출로 이어졌다. 메이저리그에서도 처음에는 의심의 시선이 많았지만, 에인절스라는 팀이 이를 가능하도록 환경을 조성해 주었다. 즉, 이도류는 오타니의 노력은 물론 팬들을 포함한 주위의 지원이 있었기에 실현된 것이다. "이도류는 나만의 것이 아니다"라는 오타니의 말은 바로 이런 뜻을 담고 있다.

----------- 원 포인트 -----------

**어떤 성공이든 많은 사람의 도움이 있어야만
비로소 이룰 수 있다.**

> ## "야구는 혼자서는 이길 수 없어요.
> ## 모두가 어우러져 출루든 주루든
> ## 한 번의 플레이에
> ## 여러 사람이 협력해야 해요.
> ## 거기에 내 힘을 보태고 싶습니다."

2024년 6월 16일 캔자스시티 로열스와의 경기 직전, 후배 투수 야마모토 요시노부가 오른쪽 어깨 회전근개 손상으로 전반기 시즌 아웃이 확정되었고, 경기 중에는 오타니를 포함한 MVP 트리오 중 한 명이자 팀의 중심 타자인 무키 베츠가 왼손에 사구를 맞아 역시 장기 결장이 불가피해졌다.

팀으로서는 아주 큰 전력 손실이 발생한 만큼 베츠를 대신해 1번 타순을 맡게 된 오타니에게 의지할 수밖에 없는 상황이었다. 그런데 여기서 오타니는 곧바로 2개의 홈런을 터뜨려 팀을 승리로 이끌며 '모두 함께 커버해야 한다'는 강한 각오를 보여주었다.

야구는 부상과 부진이 잦은 스포츠이다. 오타니 역시 고등학교 시절부터 부상에 시달렸고, 프로에 들어와서도 두 번의 토미 존 수술과 장기간 투구 공백기를 겪어야 했다.

2학년 여름과 3학년 봄의 고시엔 대회에 출전해 빠른 공을 던지기는 했지만 승리로 이끄는 투수가 되지는 못했다. 여름 대회 직전에 왼쪽 햄스트링이 손상되었음에도 불구하고 부상을 안고 1회전 테이쿄 고교와의 경기 중 4회 중간에 등판해 구속 150km의 투구를 했다. 그러나 다리 통증 탓에 거의 상체 힘만으로 투구해야 했고 결국 패배하고 말았다. 이후 공식 경기에 등판하지 못한 그는 처음에 받은 근육 파열 진단이 '성장판 손상'으로 판명되어 장기간 안정을 취해야 하는 상황이 되었다. 학교는 에이스가 등판할 수 없는 위기에 처했지만, 팀 동료들이 "쇼헤이를 이 정도로 끝낼 순 없어. 다시 한번 고시엔에 데려가자"라며 단결해 가을 도호쿠 지역대회 4강에 오르며 봄 선발대회 출전권을 따냈다.

이 시기는 오타니가 전국적으로 주목받기 시작했을 때여서 많은 언론이 오타니를 찾아왔는데 오타니는 항상 팀 동료들의 이름을 먼저 말하며 "야구는 혼자서는 이길 수 없어요. 모두가 어우러져 출루든 주루든 한 번의 플레이에 여러 명이 협력해야 해요. 모두의 힘 덕에 고시엔에 갈 수 있었습니다"라고 인터뷰에 답했다. 오타니에게 야구는 '모두의 힘이 어우러져야만 비로소 이길 수 있는' 것이었다.

이런 경험이 있기에 오타니는 개인의 기량을 연마하는 것만큼이나 '함께'의 가치를 중요하게 여긴다. 제5회 WBC에서 오타니는 모두의 힘이 어우러져서 큰일을 이루어내는 것이 야구의 진정한 묘미임을 증명해 보였다.

원 포인트

**1인 플레이어가 아니라
모두의 힘을 모을 수 있는 존재가 되어라.**

"우리도 거기에
확실히 포커스를 맞춰서
10년 후, 20년 후, 30년 후
더 좋은 대회가
되었으면 좋겠어요."

"내가 멀리 볼 수 있었던 것은 거인들의 어깨 위에 서 있었기 때문이다." '만유인력의 법칙'으로 잘 알려진 아이작 뉴턴의 말이다. 물리학 분야에 혁명을 일으킨 천재이지만 그 업적이 가능했던 것은 선구자들이 쌓아 올린 기반 덕이라고 그들에게 감사의 마음을 표현한 것이다.

마찬가지로 과학과 예술, 스포츠 분야 역시 앞선 이들이 남긴 유산을 바탕으로 뒤를 잇는 사람들이 새로운 것을 더함으로써 발전해 왔다. 야구도 예외가 아니다. 종종 현재의 야구 선수와 과거의 야구 선수를 비교하며 '지금이라면 통하지 않을 것'이라고 말하는 사람들도 있지만, 각각의 야구 선수들이 각자의 시대에 최선의 연구와 노력을 기울인 덕에 야구의 인기가 이어져 왔다는 것은 분명한 사실이다.

2009년 제2회 WBC에서 긴장감 넘치게 전개된 한국과의 경기 중 이치로가 터뜨린 우승을 결정짓는 한 방은 오타니에게 강렬한 인상을 남겼다. (1-3으로 쫓기던 한국이 9회 말 2점을 득점하며 동점 기록 후 연장

10회 초 이치로의 2타점 적시타로 5-3으로 일본 승리) 제1회 대회에도 참가했던 이치로가 WBC에 임하는 열망은 매우 강해서, 대회 전 "일본 대표팀의 유니폼을 입는 것이 최고의 영광이라고 모두가 생각할 수 있는 대회로 우리가 키워가야 한다"고 말했을 정도였다. 그 강렬한 마음가짐이 결승전의 한 방에 그대로 담겨 있었다.

오타니는 이치로가 이룬 업적에 대해 "나뿐만 아니라 일본 야구 전체에도 대단한 의미"라고 칭송하면서 "다음은 우리가"라는 마음을 굳게 품고 있었다. 적지 않은 선수들이 오타니와 같은 마음으로 WBC에 임했다. 보스턴 레드삭스의 메이저리그 1년 차이면서도 한동안 타격 선두를 다투었던 요시다 마사타카는 제5회 WBC에서 오타니에 필적할 만한 활약을 보여주었다. 1년 차라서 메이저리그 적응에만 집중해도 될 터였지만 "WBC는 당연히 어렸을 때부터 동경하던 하나의 큰 목표였기 때문"이라고 출전 이유를 밝히기도 했다.

말하자면 WBC는 꼭 참가하고 싶은 대회였고 자신뿐만 아니라 일본 야구를 위해, 그리고 뒤를 이을 어린 선수들을 위한 싸움이기도 했던 것이다. 그렇기에 오타니는 "내가 느꼈던 것과 같은 경험을 아이들이 할 수 있도록 최선을 다하겠다"고 말했고 자신의 말대로 멋진 활약을 펼쳤다. 특히 결승전에서의 오타니와 트라웃의 대결은 아이들에게 기억에 남을 만한, 두고두고 회자될 멋진 장면이 되었다. 앞선 이로부터 물려받은 것을 더 나은 것으로 만드는 것, 이는 현재를 살아가는 사람들의 사명이기도 하다.

원 포인트

**선구자들에게 감사하며 물려받은 것을
더 나은 것으로 만들어가자.**

"야구하자!"

세상에는 '비판하는 사람'과 '행동하는 사람'이 있다. 지진 등 재난이 발생했을 때 재빨리 현지로 달려가 자원봉사 활동을 하거나 기부를 하는 유명인들을 향해 '위선자', '이름만 팔아먹으려 한다'고 비판하는 사람들이 있다. 이런 목소리에 대해 열성적인 자선 활동으로 유명한 배우 스기 료타로는 "이름을 알리려고 하는 거라도 상관없다"는 취지의 반론을 펼치기도 했다.

행동에는 종종 비판이 따르기 마련이다. 하지만 재난 피해자들에게 아무것도 하지 않고 비판만 하는 사람과 실제로 행동하는 사람 중 어느 쪽이 더 고마운 존재일까? 오타니는 지진 등 재해 발생 시 거액의 기부를 하는 것으로 잘 알려져 있는데, 그 외에도 다양한 사회 공헌 활동을 하고 있다.

2023년 11월, 오타니의 커다란 선물이 일본 전역을 놀라게 했다. 일본에 있는 약 2만 개의 초등학교에 저학년용 야구 글러브를 3개씩 기증하겠다고 발표한 것이다. 최근 일본에서는 야구 인구 감소가 우려되고 있다. 저출산이 가장 큰 원인이지만, 야구는 축구보다 장비를 갖추는 데 비용이 많이 들고, 대부분의 도시에서 아이들이 마음껏 야구를 할 공간이 줄어들고 있다는 점도 영향을 미치고 있다.

기타노 다케시(일본의 코미디언이자 영화배우 겸 영화감독)의 책을 보면 어린 시절 해가 질 때까지 공터에서 야구를 했다는 내용이 나온다. 예전에는 도쿄 아다치구에서도 얼마든지 야구를 할 수 있었지만 지금은 그런 광경을 찾아볼 수 없다. 이대로라면 야구 인구는 계속 줄어들 것이다. 이 때문에 오타니가 모든 초등학교에 글러브 3개(오른손잡이용 2개와 왼손잡이용 1개)씩을 선물한 것은 큰 반향을 불러일으켰다.

오타니의 야구 인생은 아버지, 형과의 캐치볼에서 시작됐다. 그 기억이 떠올랐는지 오타니는 다음과 같은 코멘트도 함께 남겼다.

"이 글러브를 사용하는 아이들과 미래에 함께 야구할 수 있기를 기대합니다!"

오타니가 기증한 글러브에는 '야구하자!'라는 문구가 적혀 있다. 이 글러브로 야구를 한 아이들 중에서 실제로 오타니와 함께 뛰는 선수가 탄생한다면 이는 모두가 보고 싶어하는 감동적인 광경이 될 것이다. 오타니는 야구의 미래뿐만 아니라 아이들의 미래를 지원하는 활동에도 적극적으로 나서고 있다. 그가 전 세계로부터 사랑과 존경을 받는 이유이다.

원 포인트

**자신뿐만 아니라 사회를 위해
생각하고 행동할 수 있는 사람이 되자.**

글자로 마음에 새기는

오타니의 말과 생각

_____

_____

_____

_____

_____

_____

_____

_____

_____

_____

_____

_____

" 스스로 불가능하다고 생각했다면
목표 달성은 불가능했을 것이다.
그래서 처음부터 불가능하다고 단정 짓지 않는다. "

" 환경이 바뀌는 것은 불안한 일이지만
더 나아질 수 있는 가능성이 그곳에 있다면
도전해보고 싶다. "

_____

_____

_____

_____

_____

_____

_____

_____

_____

_____

_____

_____

_____

" 효과가 있을 것 같은 연습은 일단 해 본다.
설령 그것이 좋지 않은 방향으로 흘러가더라도
그게 헛된 일은 아니라고 생각하니까. **"**

> **"** 무엇이 정답이었는지 무엇이 실패였는지는
> 죽기 직전까지도 알 수 없는 것 아닐까? **"**

" 해보고 안 된다는 것을 깨달았다면
그건 그것대로 괜찮다. 해보지도 않는 것은 아깝다.
그러니 시도해보고 제대로 깨닫는다.
자신감은 그 뒤에 따라온다. "

_____

_____

_____

_____

_____

_____

_____

_____

_____

_____

_____

_____

_____

_____

❝ 돈보다는 지금 하고 싶은 것을 우선하고 싶다.
우연히도 마침 지금 하고 싶은 일이 있을 뿐이다. **❞**

"
마음에서부터 지면 안 된다.
한 수 위의 무언가를 보여줘야 한다. "

_____

_____

_____

_____

_____

_____

_____

_____

_____

_____

_____

_____

" 이기고 싶고,
막아내고 싶은 마음이 강한 쪽이 이긴다.
끝까지 포기하지 않는 것이 중요하다.
마지막 아웃 카운트가 올라갈 때까지. "

" 나는 아직 서른 살도 안 되었고
내 한계를 시험해보고 싶었다. **"**

_____

_____

_____

_____

_____

_____

_____

_____

_____

_____

_____

_____

_____

_____

_____

_____

_____

_____

_____

_____

_____

_____

_____

_____

_____

_____

_____

" 기대되는 선수와 계산되는 선수는 다르다. **"**

_____

_____

_____

_____

_____

_____

_____

_____

_____

_____

_____

_____

_____

66 구속 160km를 목표로 삼으면 158km 정도에서
끝나버릴 가능성이 있기 때문에
목표를 더 높게 잡는다. **99**

_____

_____

_____

_____

_____

_____

_____

_____

_____

_____

_____

_____

" 목표를 달성했을 때의 기쁨과 설렘을
생생하게 기억한다. 그렇게 쌓인 경험이
새로운 목표를 세우고 도전할 수 있는
힘을 솟아나게 만든다. "

" 매일 쌓아온 경험이 있어야
올바른 직감이 나올 수 있고
그것은 고민을 깊이 거듭한 끝에 내리는 직감이다. "

_____

_____

_____

_____

_____

_____

_____

_____

_____

_____

_____

_____

_____

_____

❝ 기대는 부응하는 것이 아니라 뛰어넘는 것이다. ❞

_____

_____

_____

_____

_____

_____

_____

_____

_____

_____

_____

_____

_____

_____

❝ 인생에 목표가 있다면 당당하게 말해야 한다. **❞**

66 어디까지 할 수 있는가에 대해서는
스스로 한계를 두지 않는다.
어디까지라도 할 수 있다고 믿고 계속 노력하면
대부분의 일은 다 이뤄낼 수 있다. 99

_____

_____

_____

_____

_____

_____

_____

_____

_____

_____

_____

_____

_____

_____

“ 계속 이기는 것도 중요하지만 자기 안에
무언가를 남기는 것이 더 중요하다고 생각한다. **”**

_____

_____

_____

_____

_____

_____

_____

_____

_____

_____

_____

_____

❝ 내가 가진 재능은 성장 가능성이다. **❞**

_____

_____

_____

_____

_____

_____

_____

_____

_____

_____

_____

_____

_____

_____

“ 작년에 해냈다고 해서 올해도 할 수 있다는
보장은 없다. 더 성장해야 간신히 비슷한 수준의
성적을 낼 수 있는 것이다. **”**

_____

_____

_____

_____

_____

_____

_____

_____

_____

_____

_____

_____

_____

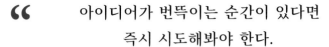

"
아이디어가 번뜩이는 순간이 있다면
즉시 시도해봐야 한다.
"

" 맞았다면 그건 베스트 피치가 아니다. **"**

❝ 지금까지 결과를 내기 위해 모든 것을 다했다고
말할 수 있는 하루하루를 그 누구보다도
소중하게 보내왔다고 자신하고 있다. **❞**

66 내가 하는 트레이닝이 어떤 성과로 이어지는지
제대로 이해하고 하는 것과
그렇지 않은 것은 결과가 크게 달라진다. **99**

_____

_____

_____

_____

_____

_____

_____

_____

_____

_____

_____

_____

_____

" 내가 아무리 잘해도 팀이 지면
아직 부족한 것이다. "

_____

_____

_____

_____

_____

_____

_____

_____

_____

_____

_____

_____

" 아직 하지 못하는 것들이 있어서
그것을 하나씩 해나갈수록
그다음의 부족한 기술만 눈에 들어온다. **"**

_____

_____

_____

_____

_____

_____

_____

_____

_____

_____

_____

_____

_____

_____

" 멘탈을 핑계 삼고 싶지 않다.
그것까지도 기술이라고 생각한다. **"**

_____

_____

_____

_____

_____

_____

_____

_____

_____

_____

_____

_____

_____

" 분한 경험이 없으면
우승하고 말겠다는 마음조차 생기지 않는다. **"**

_____

_____

_____

_____

_____

_____

_____

_____

_____

_____

_____

_____

_____

" 못 던지는 이유는 얼마든지 댈 수 있다.
저기 굴러다니는 돌멩이로 던지라고 해도
던질 수 있어야 한다. **"**

" 좋은 투구를 했는데도 결과가 좋지 않다면
그건 내가 컨트롤할 수 없는 부분이니
어쩔 수 없는 것이다. **"**

_____

_____

_____

_____

_____

_____

_____

_____

_____

_____

_____

_____

_____

_____

" 정상에 오르는 사람, 성과를 내는 사람은
제대로 된 사람, 성실하게 노력한 사람이어야 한다. **"**

---

66 즐기는 것보다 올바름을 기준으로 행동하라는
가르침을 실천하고자 한다. **99**

_____

_____

_____

_____

_____

_____

_____

_____

_____

_____

_____

_____

_____

" 실패를 글로 남겨서 해야 할 일을
머릿속에 확실히 새긴다. **"**

_____

_____

_____

_____

_____

_____

_____

_____

_____

_____

_____

_____

_____

_____

_____

참고 문헌

『道ひらく、海わたる　大谷翔平の素顔』，佐々木亨

『大谷翔平　野球翔年Ⅰ　日本編2013-2018』，石田雄太

『大谷翔平　二刀流メジャーリーガー誕生の軌跡』，ジェイ・パリス

『ルポ　大谷翔平　日本メディアが知らない「リアル二刀流」の真実』，志村朋哉

『もっと知りたい！　大谷翔平　SHO－TIME 観戦ガイド』，福島良一

『SHO-TIME 大谷翔平　メジャー120年の歴史を変えた男』，ジェフ・フレッチャー

『少年大谷翔平「二刀流」物語』，小林信也

『栗山ノート』，栗山英樹

『栗山ノート2　世界一への軌跡』，栗山英樹

『考えて、考えて、考えて』，丹羽宇一郎・藤井聡太

『野村の真髄「本当の才能」の引き出し方』，野村克也

『別冊カドカワ［総力特集］大谷翔平』

『大谷翔平挑戦』

『Number』

『Number PLUS』

『News week』

『ベースボールマガジン別冊新年号(2024年1月)落合博満とロッテオリオンズ』

한계를 날려버리는 오타니 쇼헤이의 말
+ 필사노트 합본

초판 1쇄 인쇄 2025년 6월 2일
초판 1쇄 발행 2025년 6월 9일

지은이   쿠와바라 테루야
옮긴이   정상우
편집   이민정
관리   남영애

펴낸곳   오픈하우스
펴낸이   정상우
출판등록   2007년 11월 29일(제13-237호)
주소   (03496) 서울시 은평구 증산로9길 32
전화   02-333-3705
팩스   02-333-3745
페이스북   facebook.com/openhouse.kr
인스타그램 instagram.com/openhousebooks

ISBN 979-11-92385-32-7 03190